孫の二乗の法則

孫正義の成功哲学

板垣英憲

PHP文庫

○本表紙図柄＝ロゼッタ・ストーン（大英博物館蔵）
○本表紙デザイン＋紋章＝上田晃郷

孫正義は十九歳のとき、

「人生五十年計画」を作成した。

二十代　名乗りを上げる。
三十代　軍資金を貯める。
四十代　ひと勝負する。
五十代　事業を完成させる。
六十代　次の世代に事業を継承する。

二〇一一年四月現在、孫は五十三歳。
ソフトバンクグループの
売上規模は約三兆円。
孫は「人生五十年計画」を
見事に実現させてきた。

その原動力となったのが、
横五文字×縦五文字、
計二十五の漢字からなる
「孫の二乗《じじょう》の法則」である。

道	天	地	将	法
頂	情	略	七	鬪
一	流	攻	守	群
智	信	仁	勇	厳
風	林	火	山	海

孫の二乗の法則

「孫の二乗の法則」とは、
孫が自らの**成功哲学・経営指針**を
「二十五文字」に凝縮して表現したもの。

孫は新しい事業に挑むときや
苦難にぶつかったとき、
この**「二十五文字」**を頭に浮かべ、
それぞれの成功要因にマッチしているか
何度も自問自答しながらチェックし、
自らの進むべき道を決断してきた。

「孫の二乗の法則」は、経営者だけでなく、
万人に有用な成功法則である。

人生や仕事で大事な判断や決断を求められたとき、
あるいは、何かの壁にぶつかってうまくいかないとき、
ひと息おいて冷静になり、「二十五文字」を
一字一字チェックしてみる。

そうすれば、あなたはきっと
「現状突破の鍵」を手にすることができるだろう。

はじめに　「孫の二乗の法則」は日本最強の成功法則である

◆「自分の後継者＝孫正義2・0」を育てる

ソフトバンク創業者・孫正義は、平成二十二年（二〇一〇年）七月二十八日、後継者発掘・育成を目的とする「ソフトバンクアカデミア」を開校した。

初代校長は孫正義が自ら務め、直接指導も行なう。受講者はソフトバンクグループ内の社員はもちろん、グループ外からも広く公募。開校日から募集を開始したところ、一日も経たないうちに数千人もの応募が寄せられた。

すでにソフトバンクグループ内から選抜されたメンバーは受講を始めており、平成二十三年（二〇一一年）四月からは、公募審査を経て入校が決まったグループ外のメンバーもこれに加わる。

孫正義は昭和五十六年（一九八一年）九月に、日本ソフトバンク（現・ソフトバンク）を設立した。それから二十九年を経て「ソフトバンクアカデミア」開校に着手し、三十年目にして本格的講義開始に至った。

その目的はただ一つ、**「自分の後継者＝孫正義２・０」**を育てることである。

◆十九歳のときに立てた「人生五十年計画」

昭和三十二年（一九五七年）八月十一日、孫正義は佐賀県鳥栖《とす》市で生まれた。

中学生のころは、「大人になったら学校の先生になりたい」という夢を描いていた。だが、出自が影響して教師の道をあきらめざるを得なくなってしまう。

その代わりに「将来の大事業家」を志し、高校生時代に単身、米国カリフォルニアに留学した。そして弱冠十九歳で、次のような**「人生五十年計画」**を立てる。

二十代で、自ら選択する業界に名乗りを上げ、会社を起こす。
三十代で、軍資金を貯める。軍資金の単位は、最低一千億円。
四十代で、何かひと勝負する。一兆円、二兆円と数える規模の勝負をする。
五十代で、事業をある程度完成させる。

六十代で、次の世代に事業を継承する。

以後、この計画に基づいて事業を行なってきた。

孫正義は平成二十三年（二〇一一年）四月現在、五十三歳。いま「五十代　事業を完成させる」という段階にあるが、ソフトバンクグループの売上規模は二兆円を大きく超えており、目標はすでに達成しているに等しい。

そこで一足早く、「六十代　次の世代に事業を継承する」という人生計画の最終段階に向けて、「事業継承」に相応しい人材の養成に取りかかったのである。

「ソフトバンクアカデミア」は、次代を担う経営者を養成する学校である。孫正義は、その校長として教壇に立ち、教鞭を振るい、直接指導する。中学生のころに思い描いていた「学校の先生になりたい」という夢を別の形で実現したともいえる。

◆二十代中盤で「孫の二乗の法則」を開発

そんな孫正義が、「ソフトバンクアカデミア」で自らの後継者候補に、最も教え伝えたいと考えているのが、**「孫の二乗の法則」**である。事実、「ソフトバンクアカ

「孫の二乗の法則」それぞれの意味

（凡例）孫正義のオリジナル／『孫子』始計篇より／『孫子』軍争篇より

道 志を立てる	天 天の時を得る	地 地の利を得る	将 優れた部下を集める	法 継続して勝つ仕組みをつくる
頂 ビジョンを鮮明に思い描く	情 情報を可能な限り集める	略 戦略を死ぬほど考え抜く	七 7割の勝算を見極める	闘 勝率7割とみたら果敢に闘う
一 一番に徹底的にこだわる	流 時代の流れを見極め素早く仕掛ける	攻 あらゆる攻撃力を鍛える	守 守備力を鍛えあらゆるリスクに備える	群 単独ではなく集団で闘う
智 あらゆる知的能力を磨く	信 信頼に値する人物になる	仁 人々の幸せのために働く	勇 闘う勇気と退く勇気を持つ	厳 時として部下に対し鬼になる
風 動くときは風のように素早く	林 重要な交渉は水面下で極秘に	火 攻撃は火のように激しく	山 ピンチでも決して動じない	海 勝った相手を包み込む

各段横に読む

デミア」の開校式で行なわれた特別講義で、孫が真っ先に取り上げたのもこの「孫の二乗の法則」だった。

これは、孫正義が二十代中盤のころに自ら開発した経営指針で、世界的に有名な兵法書**『孫子』からピック・アップした言葉に、孫正義が独自に考え出した「オリジナルの言葉」を組み合わせた「二十五文字」の「文字盤」**で表されている。

縦五段、横五文字の「二十五文字」は、横に読む。縦に読むと意味がわからなくなる。上の段から次のように順次、読んでいく。

道天地将法＝どうてんちしょうほう
頂情略七闘＝ちょうじょうりゃくしちとう
一流攻守群＝いちりゅうこうしゅぐん
智信仁勇厳＝ちしんじんゆうげん
風林火山海＝ふうりんかざんかい

一段目「道天地将法」と四段目「智信仁勇厳」、五段目の「風林火山」は『孫子』の一節をアレンジしたもの、二段目「頂情略七闘」、三段目の「一流攻守群」、五段目「海」は、孫正義の創作、つまりオリジナルである。

「孫の二乗の法則」は、孫正義が経営の岐路に立ったとき、その都度、拳拳服膺《けんけんふくよう》して、判断と決断に役立ててきたものである。新規事業に挑むときや新しいプロジェクトをスタートするときなど、新たな局面や分岐点を迎えるたびに、**常にこの「二十五文字」を頭に思い浮かべ、何回も自問自答を繰り返しながらチェックし、進むべき道とビジネスのありようを決断してきたのだ。**

孫は「ソフトバンクアカデミア」開校式の講義で、次のようにも語っている。

「いままで僕は何千冊の本を読んで、あらゆる体験、試練を受けて、この二十五文字で、これを達成すれば、到達すれば、僕はリーダーシップを発揮できる。後継者になれる、本当の統治者になれるというふうに心底思っている、その二十五文字です」

「ソフトバンクアカデミア」では今後、「孫の二乗の法則」についてあらゆるテーマでかみ砕き、プレゼンや議論などで生かし、理解を深めていくという。

◆私が「孫の二乗の法則」を初めて目にした瞬間

ところで、私が孫正義に初めて会ったのは平成二年（一九九〇年）の夏ごろであった。ベンチャービジネスに携わる若手経営者の一人として活躍していた孫正義を、直接インタビューすることになったのである。

当時、ソフトバンクの前身「日本ソフトバンク」の本社は、東京都港区高輪にあった。オフィスに着くと、孫はカジュアルな服を着て現れた。物腰は柔らかい。私が質問すると、人なつっこくあどけなさを残した笑顔で熱弁をふるい始めた。応対の仕方からは、この人がいまをときめくベンチャー企業の社長とはとても信じられないほどであった。

当時、孫正義は三十三歳。まず、その若さに驚かされた。それればかりでなく孫が、

「社員の平均年齢は、二十八歳です」

と言ったので、二度ビックリさせられた。

インタビューの冒頭、**私は孫正義から、二十五文字からなる「孫の二乗の法則」**

を印刷した、カラフルできれいな高級紙をもらった。初めて「孫の二乗の法則」を目にした瞬間だった。

孫正義はその一文字一文字を熱っぽく、しかも丁寧に解説してくれた。そのときの記憶がいまでも鮮やかに残っている。

ただ孫は一生懸命に説明していたけれど、このとき、この「孫の二乗の法則」が「人生五十年計画」とともに、孫正義の経営手法の根幹を成す重要なものであるとは、迂闊《うかつ》にも思い至らなかった。

あれからまもなく二十一年になる。孫正義はグループ会社約八百社（社員約二万人）の頂点に立つ大経営者に成長し、「デジタル情報革命」の旗手として、先頭に立ってなおも走り続けている。

孫は「子供のころから坂本龍馬に憧れてきた」と明言しているが、自らを坂本龍馬にダブらせて、その熱き心情を体現してきた。坂本龍馬が江戸幕末、明治維新の扉を開いたのに対し、孫正義は「デジタル情報社会」の扉を先頭に立って開いた功労者である。まさに全身全霊で立ち向かう「革命児」の名がふさわしい。

◆孫正義は最近、「二十五文字」の配列を変更した

じつは、私が二十一年前に初めて「孫の二乗の法則」を見たときの二十五文字の配列は、孫正義が現在用いているものとは違っていた。

「一流攻守群、道天地将法、智信仁勇厳、頂情略七闘、風林火山海」

という順番だったのだ。

孫正義は、「ソフトバンクアカデミア」開校式の前日に突如、二十五文字の各段の配列を現在の並び順に変更したという。

二十一年前のインタビューのとき、「経営者にとって絶対に必要なものは何か」という私の質問に対して、孫正義はこう答えている。

「**経営トップが、リーダーシップを発揮するに当たり、備えておかなくてはならない重要なものが三つあります。それは、〈志・ビジョン・戦略〉です。しかも、これには重要さに順序があります。それは〈志、ビジョン、戦略〉の順です**」

孫は開校式の特別講義で、「道天地将法」は「志（理念）」を、「頂情略七闘」は

「孫の二乗の法則」の配列はこう変わった

▶著者が最初にインタビューしたとき（＝1990年頃）

一	流	攻	守	群	→３段目へ移動
道	天	地	将	法	→１段目へ移動
智	信	仁	勇	厳	→４段目へ移動
頂	情	略	七	闘	→２段目へ移動
風	林	火	山	海	

▶「ソフトバンクアカデミア」開校式のとき（現在）

道	天	地	将	法	……理念
頂	情	略	七	闘	……ビジョン
一	流	攻	守	群	……戦略
智	信	仁	勇	厳	……将の心得
風	林	火	山	海	……戦術

「ビジョン」を、「一流攻守群」は「戦略」を、それぞれ意味すると語っている。
二十一年前の取材を振り返ってみると、これまでに〈志・ビジョン・戦略〉について説明していたとおりの順序に整理したとも言える。つまり、新しい並べ方が、〈志・ビジョン・戦略〉の順番通りで正しい。

孫正義がかつて「一流攻守群」を最上段に据えていたのは、何が何でも「一番」になろうと野心に燃えていた意欲の表れだったのであろう。それが、IT産業のなかでトップ企業になったいま、〈志・ビジョン・戦略〉の順番にしたほうが、この「孫の二乗の法則」を説明するのに、最も自然で相応しいと感じたに違いない。

◆「孫の二乗の法則」を活用すれば、どんな壁も突破できる

また孫正義は近年、自ら命名した「孫の二乗の法則」を「孫の二乗の兵法」に改名したようである。「ソフトバンクアカデミア」開校式での特別講義でも、演題を「孫の二乗の兵法」と掲げていた。

先述したように、「孫の二乗の法則」は、もともと「孫子の兵法」をベースに生まれたものである。孫正義は「孫の二乗の法則」を経営で実践し、ビジネス「戦

争」を勝ち抜いてきた自信から、「孫の二乗の兵法」と改名したものと思われる。

しかし、この「二十五文字」は、ビジネス「戦争」に勝利しなければならない経営者やビジネスマンにだけ役立つものではない。

これから人生の荒波に向けて乗り出そうとする若者はもとより、「人生百年時代」を迎えつつある昨今、「第二の人生」を有意義に暮らしていこうと決意している熟年者の生き方にも大いに役立つものだと信じる。**何かの壁にぶつかったときや、物事がどうもうまくいかないとき、これを見返せば、「現状突破の鍵」がきっと見つかる**からだ。「今の自分に足りないものはこれだったのか！」といったように、大事なことに気づかされることも多いだろう。

すなわち、**「孫の二乗の法則」は、もともと経営指針・マニュアルであるが、人生指針・成功法則でもある**のだ。この意味で、本書においては、「兵法」ではなく、「法則」という言葉をあえて用いることにした。

本書では、まず第1章と第2章で、孫正義が「人生五十年計画」と「孫の二乗の法則」をいかにして生み出したかを、経緯に沿って紹介していく。第2章ではまた、二十五文字のそれぞれの定義・意味を詳しく解説する。

さらに第3章以降では、孫が「人生五十年計画」を実行し、実現する過程で、「孫の二乗の法則」をどのように活用してきたかを具体的に振り返り、この武器がいかに有効性を発揮したかを明らかにする。そうして孫正義のこれまでの生き方や今後の展望などを分析し、その真髄に迫り、「孫の二乗の法則」を多くの人々が十分活用できる人生の指針、あるいはツールとしたい。

◆「二十五文字の文字盤」をコピーして常に持ち歩こう

旅をするのに、スケジュール表や地図や磁石（あるいは羅針盤、ジャイロスコープ）が必携であるように、人生航路においても「計画表」や「指針」が必要である。

この二つのうち、「計画表」は誰でも構想できるものだ。誰でも「夢」を見ることは簡単だからである。問題は、この計画をいかにして実行に移し、実現させるかである。そのための指針が、「孫の二乗の法則」なのである。

試行錯誤を繰り返したり、道草したり、迂回路《うかいろ》を通っていったりするのも、それ

「孫の二乗の法則」の使い方

「25文字の
文字盤」を常に
持ち歩く

コピーして
手帳に貼っておく

携帯電話の
待ち受け画面にする

↓

人生や仕事で
重要な決断を
しなければいけないとき

何かの壁にぶつかって、
物事がうまくいかないとき

↓

**それぞれの成功要因にマッチしているか、
1字1字チェックしてみると……**

↓

**重要チェックポイント
の漏れを防げ、
ベストの判断を
下すことができる！**

**現状突破のヒント
が見つかり、
やる気が一気に
湧いてくる！**

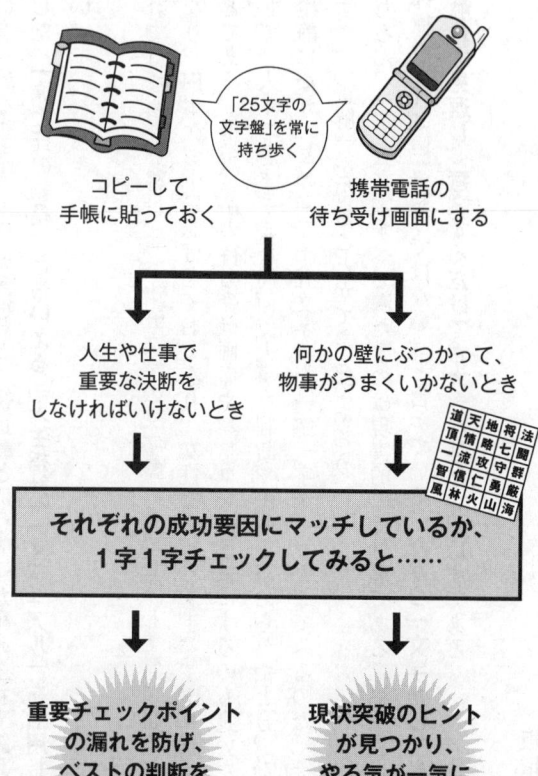

なりに有意義な生き方ではあるけれど、**孫正義という先達が積み重ねて鍛え上げて完成した、「涙と汗の結晶」ともいえる「人生指針」「マニュアル」を活用しない手はない。**

忘れてはならないのは、「二十五文字の文字盤」をコピーして常に机上に置いておくなり、内ポケットに忍ばせておくなり、女性ならばハンドバッグに携行しておくことである。携帯電話の待ち受け画面やパソコンの壁紙にするのも良いだろう。そして、人生のさまざまな局面で大事な判断や決断を求められたとき、ひと息おいて冷静になり、この「二十五文字」を一字一字チェックしてみるのだ。そうすれば必ずや、「正解」を得ることができるであろう。

もちろん、二十五文字すべて満たすのは現実的には無理である。孫正義自身が、「全部極めきれているわけではない」と言っている。**だから一文字だけでもいい。折に触れて見返し、意識するだけでも大きな差がつく**はずである。

板垣英憲

孫の二乗の法則　目次

はじめに　「孫の二乗の法則」は日本最強の成功法則である

第1章――「孫の二乗の法則」以前

まず人生の「長期作戦計画」を立てる

第2章——「孫の二乗の法則」の定義

二十五文字それぞれの意味

第3章——「一流攻守群」の実践と応用

「一番になれるもの」を徹底的に探す

第4章――「道天地将法」の実践と応用

「百の知識」よりも「一の信念」

第5章――「智信仁勇厳」の実践と応用

仕事で「自分の器」を大きくする

第6章——「頂情略七闘」の実践と応用

「ビジョン実現への最短距離」を見抜く

第7章——「風林火山海」の実践と応用

状況に応じて変幻自在に闘う

おわりに　「孫の二乗の法則」があなたの人生を大きく変える

第1章

「孫の二乗の法則」以前

まず人生の「長期作戦計画」を立てる

道	天	地	将	法
頂	情	略	七	闘
一	流	攻	守	群
智	信	仁	勇	厳
風	林	火	山	海

◆「天才経営者」は一日にして成らず

「二十代で会社を起こし名乗りを上げる。三十代で軍資金を最低で一千億円貯める。四十代でひと勝負かける。五十代で事業を完成させる。六十代で次の世代に事業を継承する」

この「人生五十年計画」を孫正義が立案したのは、アメリカ留学中の十九歳のときである。以来孫は、紆余曲折《うよきょくせつ》はありながらも、ほぼこの計画どおりの人生を歩んできた。

では、この人生計画を立てる以前、孫はどんな人生を送っていたのだろうか。

孫正義は昭和三十二年（一九五七年）八月十一日、佐賀県鳥栖市で生を受けた。

大きな事業を成し遂げようとする人物は、子供のときからどこか違っている。孫も、天性の気質として「負けん気」と「根性」を持って生まれた。

ただ、せっかくの天性の「負けん気」や「根性」も、単に生まれついて備わっているだけではその本来のパワーを発揮することはできない。成長過程で鍛えること

ソフトバンク代表取締役社長 孫正義　　写真提供：共同通信社

が必要なのである。へこたれることのない強靱《きょうじん》な「負けん気」と「根性」は、練習鍛磨によって鍛え上げなくてはならないのだ。

今日の孫正義も、一朝一夕で出来上がったわけではない。 世界的にも知られる「天才経営者」と呼ばれるまでになるには、血のにじむような努力の積み重ねがあったのである。

孫正義は、二宮尊徳を意識していた。いまでこそ意識して振り返られることは珍しくなってきているが、全国各地にある小学校の校庭の一角に立てられているあの銅像が二宮尊徳である。

二宮尊徳は、江戸末期、相模《さがみ》の国（現在の神奈川県）に生まれた。その名を金次郎という。豊富な農業知識を持ち、独特の政治力を備え、農政家として世に認められた。少年のころ、薪《まき》を背負って歩きながら書物を読んで勉学に励んだことで知られている。

あの銅像は、勉強好きな少年の単なる努力の姿ではない。貧しさのなかでも勉強して偉大な人物になりたいと野望に燃える、「負けん気」と「根性」の固まりのような姿なのである。

◆「正義、なんばしよっとか！」

孫正義の「負けん気」と「根性」はスポーツを通じて鍛えられた。子供なりにいろいろと努力もしている。

たとえば、サッカーに熱中していた小学校五年生のころ、鉄下駄を履いて足腰を鍛えようとしたという。

まず、スポーツ店で普通の鉄下駄を買ってきた。それでは音がうるさいから、兄のバスケットシューズの使い古しをもらって鉄板の上にチョークで型を取った。そして、町の鉄工所へ行ってバーナーで切ってもらい、それを靴の中敷のようにして入れて、靴ひもをキュッとしめて履いてみたのである。すると歩けない。そこで「靴は曲がるから歩けるのだ」ということに初めて気がついた。

また、こんな涙ぐましい話もある。

人気漫画『巨人の星』のなかで、主人公が子供のころ両腕にバネのギプスをはめていたという話が出てくる。孫正義は、バネのギプスでは腕に喰い込んで痛いので、自転車のチューブを使って同じことをやってやろうと考えた。古いチューブを町の自転車屋でもらって、それで両腕を縛り、その上にパジャマを着て寝た。ウーン、ウーンと唸《うな》りながら、汗びっしょりになって気張っていると、兄が心配して母を呼んだ。パジャマを脱がしてみると、チューブだらけである。驚いた母から、

「正義、なんばしよっとか!」

と怒られてしまった。

古い車のタイヤを二階からぶら下げて、サッカーのヘディングの練習をしていたこともある。首を鍛えるつもりだった。ヘディングしようとすると、ボールが間違って顔面に当たり、鼻血が出ることもある。このため、少年たちはみんな怖くて尻込みしていた。

しかし、孫正義はタイヤで鍛えていたおかげで平気だった。その結果、得点を挙げるのにかなり貢献した。孫は「負けず嫌いで、完全燃焼しないと落ち着かない性

格は、子供のころから変わっていない」という（注・第1章で登場する孫正義氏の発言は、すべて著者が以前にインタビューしたときのものです）。

◆玉磨かざれば光なし

戦いに勝つことを本来の任務とするトップ・リーダーに最も必要な性格は、堅確な意志とその実行力である。これこそ、人をリードし、ビジネス戦場の主人公となる第一の要件なのである。その点、孫正義は少年時代から意志の強さと実行力を示していた。

しかし、孫正義は、それを生まれたときのままに放置してはおかなかった。地中から吹き出してくるマグマのように、身体の内部から「負けん気」が燃え上がってくるのに任せているばかりではなかった。意識的にそれを鍛え上げる努力をしているのである。まさに「玉磨かざれば光なし」である。

孫正義は、小さいころから真面目な優等生というよりも、クラスの友だちと遊び回るのが好きなほうだった。小学校のころは家で勉強したという記憶があまりない。教科書はいつも学校の机に入れっぱなしで、家にはほとんど持って帰ったことがなかった。学校が終わったら、すぐそのままクラスメートを十何人も引き連れて、近くの山に探検に行ったり、日が暮れるまでサッカーや野球に熱中したりした。宿題も学校に着いてから授業の直前に慌ててすます。

スポーツは得意だった。野球は三番でサード、走るのはクラスで一番の速さだった。体育の成績はずっと「五」を取っていた。

◆アメリカ短期留学で受けた衝撃

孫正義は、進学校として名高い久留米大学附設高校に進む。

そして一年生のとき、夏休みを利用して語学研修のため米カリフォルニアに一カ月体験留学した。当時、『百万人の英語』という雑誌があり、そこに「アメリカ四十日間研修旅行」という広告が載っていた。カリフォルニア大学バークレー校のキャンパスで一カ月間過ごせるという内容の広告だった。孫は何気なくその語学研修に応募したのだった。

「そのときは、一カ月間アメリカをとにかく見てみたいという本当に軽い気持ちでした」

しかし、行ってみると、アメリカという大きな国に強烈な衝撃を受けた。言葉は片言だったが、それでも、見るもの、聞くものがすべて新鮮で感動的だった。なんといっても、人々が朗《ほが》らかで伸び伸びしている自由な風土に魅せられた。外の人に対してもオープンで、日本のようにクローズ（閉鎖的）でない。年配の人でも若い人の意見をよく聞く。とくに、カリフォルニア大学バークレー校には自由で奔放な雰囲気があり、そうしたなかから何人ものノーベル賞受賞者が生まれていた。

孫正義はアメリカ、とりわけカリフォルニアが気に入り、すっかりとりこになってしまった。

◆こうと決めたら、何が何でも実現しないではおかない性格

「まあすごい国だ。この国をもっと知りたい、もっと長くいろいろなものに触れてみたい。これは一カ月やそこいら居て、見ただけでは足りない。もっと深く知りたい。**日本でののんびり学校へ行っている場合ではない。人生は短いのだ**」

そう思うと研修中から、「正式な形で本格的にアメリカで勉強したい」と、一途

に思い詰めるようになる。こうと決めたら、何が何でも実現しないではおかない強烈な性格の持ち主である。ということで、もう居ても立ってもいられない。孫正義は帰国してすぐさま、高校の先生のもとに行き、

「私は退学をしてアメリカに行く」

と宣言した。当然のことながら、高校の先生をはじめ、同級生たちからも、

「何を馬鹿なことを言っているんだ」

「血迷ったか」

と猛反対された。しかし、孫正義は、頑として言い張った。

「思い立って決めた以上は、誰が反対しても行く」

両親にも打ち明けた。

「高校を中退して、アメリカに渡って勉強したい。自分を試したい」

この突如の申し出に、両親はビックリした。この話を聞いた兄弟や親戚にまで、一斉に反対の嵐が巻き起こった。とくに同級生たちからはケチョンケチョンにやられたのである。母は、

「行かないでおくれ」

と言って泣き出す始末である。

◆高校を中退し、アメリカへと旅立つ

しかし、孫正義は一度言い出したら一歩も引かない、何が何でも米国へ渡る決意を固めていた。本屋へ行って、米国の高校への入学手続きやビザ取得法を紹介した本を買い込んできた。だが、「身元引き受け人なしの私費留学は原則としてあり得ない」と書かれてあるのを見て愕然《がくぜん》とする。

そこで、語学研修でアメリカに行った際に教わった先生に手紙を出したところ、「身元引き受け人の件、ＯＫ」の返事が来た。

一方、家族で最初に認めてくれたのは、父・三憲《みつのり》だった。そのころ、十二指腸が破れて久留米市内の病院に入院していた父親は、

「一年に一回は帰ってこい。向こうの女とは結婚するな。結婚するなら、東洋系の女性にしろ」

とだけ言って許してくれた。

かくて研修旅行から帰国して半年後の昭和四十九年（一九七四年）二月、高校を

中退した孫正義は、アメリカへと旅立ったのである。まだ十六歳のときであった。

◆アメリカ留学は司馬遼太郎『竜馬がゆく』の影響

家族や友人たちの反対を押し切ってまで、アメリカに留学していなかったら、今日の孫正義は存在しなかったかもしれない。当時のことを振り返って孫正義はこう言っている。

「最近になりまして、フッと振り返ってみて、ところでなんで本当に僕はアメリカに行ったんだろうということを思い起こしてみました。実は潜在意識のなかに、ある一冊のというか、シリーズの本があるんです。どうもこれがきっかけでした。雑誌でアメリカ研修旅行の広告を見たからということも、もちろんあるけれど、僕にとって潜在意識のなかに非常に大きなポジションとしてあったのは、一人の作家が書いた本でした。それは何かといいますと、司馬遼太郎の小説『竜馬がゆく』です。

この『竜馬がゆく』を、僕は十五歳のときに読みました。大変感動しました。すごい人物が日本の歴史のなかにいたんだなということで、とても感動しました。この本のなかで明治維新のころに血気盛んな人たちが、自分の人生を賭けて燃え尽きていった、自分の命を燃やしていった。僕もそういう部分に感化されたところが、おそらく潜在的にあったのではないかと思っています」

何が何でもやり抜く――。そうした「堅確な意志とその実行力」を孫正義が持っていたことは、このアメリカ留学の実現によって実証され、これを契機にますます強化されていくことになる。

◆英語さえできれば、地球のどこでもビジネスができる

狭い日本に小さく縮こまって一生を送るのならともかく、国際社会に羽ばたき大勝負をかけようと決心したからには、語学力をつけておかなくてはならない。とくに英会話力は、絶対と言ってよいほど必要不可欠な能力である。

少なくとも英語さえ話せれば、地球の約七割の地域で不自由なくビジネスができる。逆に、外国人とビジネスをする場合に、英語を話せないというのは致命傷となってしまう。

昭和四十九年（一九七四年）二月にアメリカに渡った孫正義は、まずカリフォルニア州のホーリー・ネームズ・カレッジの英語学校に通った。ここで外国人の学生が英語を学べる特別なプログラムを受講。そして同年九月には、サンフランシスコのセラモンテ高校（四年制）に二年生として入学する。

だが、その数週間後に大学入学の検定試験に合格してしまった。このため結局、セラモンテ高校にはほんのわずかしか通わなかった。

セラモンテ高校退学から十一カ月後、十八歳になっていた孫はホーリー・ネームズ・カレッジに入学。昭和五十年（一九七五年）九月のことであった。

◆信長の「長期作戦計画」に心酔し、「人生五十年計画」を立てる

孫正義はそれから約二年間、ホーリー・ネームズ・カレッジに通う。事業家になることを決意し、「人生五十年計画」を立案したのはこのころである。

ではなぜこの時期に、五十年という長期にわたる人生計画を立てることを思いついたのか。じつは、孫が「人生五十年計画」という超長期計画を立てるうえで「モデル」にしたのは、坂本龍馬とともに尊敬している戦国武将・**織田信長**であった。

「人間《じんかん》五十年、下天のうちを比ぶれば、夢幻の如《ごと》くなり。ひとたび生を受け、滅せぬ者のあるべきか」

信長は、戦国時代に終止符を打っべく、「天下布武《てんかふぶ》」を志した。謡《うたい》を好み、「敦《あつ》盛《もり》」を好んで舞ったところに、信長の死生観が表れていた。人生は長いようで実に短い。あっという間に年を取ってしまう。まさに夢幻の如くである。

その織田信長は悲願達成を目前にして、配下の武将・明智光秀に討たれる。享年四十九歳、まさに、「人生五十年」を「夢幻の如く」駆け抜けた武将であった。

しかし、孫正義が見習ったのは、信長の「人生五十年」という生涯のあり様ではない。あくまでも、「戦《いくさ》」において「敵に勝つ」ために組み立てた「長期計画」であった。

信長は、一般の世評とはまったく異なり、長期計画的で、実に細かく計算できる頭脳を持った武将だった。孫正義は、織田信秀・信長の親子のみぞ知る超極秘の「長期作戦計画」に気づき、いたく感動し、信長に心酔するようになる。それ以来、**「長期作戦計画」の立案がいかに大事か**、はっきりと自覚するようになった。

◆「桶狭間の戦い」での勝利は、「長期作戦計画」のおかげ

では、信長はいかなる「長期作戦計画」を立てたのだろうか。孫正義の話から少し外れるが、ここで簡単に触れておこう。

「尾張《おわり》のうつけ」と言われて馬鹿にされていた織田信長が、名実ともに織田一族の棟梁《とうりよう》となったのは、「桶狭間《おけはざま》の戦い」で駿河《するが》の戦国大名・今川義元の首級を挙げ快勝したときであった。

「桶狭間の戦い」とは、大軍を引き連れて尾張に侵攻した今川軍を、その十分の一程度の織田軍が奇襲し、見事に打ち破った戦いである。

日本の歴史上最も有名な逆転劇だが、この勝利は偶然に得られたわけではなかった。**桶狭間の合戦に至るまでの「長期作戦計画」は、十年以上も前、すなわち、父・信秀の時代から立案されていた**ともいわれている。

織田信秀・信長親子は、いずれ今川義元が大軍で尾張に侵攻してくることを予期していた。そこで、「いざ侵攻してきたときは、今川軍が大軍の威力を発揮できないよう、尾張と三河《みかわ》の国境付近の狭い所で決戦する」という作戦計画を立てていた

のだ。信長はさらに、次のようなことも考えていたに違いない。

❶予想戦場付近に国境砦を配置し、敵の態勢を乱して戦機をつくり出す。

❷敵の大軍を相手にせず、義元一人を狙い、これで勝敗を決する。そのために、義元の行動を刻々と知るための諜報網《ちょうほうもう》と、義元を油断させ奇襲のチャンスを生み出すための謀略工作を準備する。

❸信長の出撃企図を敵の諜報網に察知されないようにする。

❹敵の謀略を排除するために一族の団結を図り、異分子は涙をふるって処分する。

❺両大国から挟撃されないためにまず美濃《みの》と和を図り、全戦力を対今川に傾注する。

❻大敵に当たり得るよう全軍の志気を鼓舞する。十倍の敵に向かって下手に進撃すれば、部下は逃亡し、軍は消滅してしまう恐れがある。

❼予想戦場の地理を信長自身の眼で確かめる。そしてこれを敵のスパイにさとられないため、異様な格好で狩猟をして回る。

◆「作戦計画の基礎条件の四分の一は不明である」

織田信長は永禄三年（一五六〇年）五月十九日未明、田楽狭間《でんがくはざま》でわずか三千人の兵力で三万人の今川軍を破る。まさに「長期作戦計画」どおりの勝利だった。

だが、「田楽狭間で休息中の今川義元を狙う」というのは、直前になって決定したことである。信長にしても、「決勝点」をあらかじめ想定することはできていなかった。

しかし、「いつか」「どこか」が「決勝点」になる。特定できず、不明なままではあっても必ず「決勝点」は現実化する。**信長は「答え」を「X」と置いて、決戦に備えた**のである。これは、言うなれば「代数的運用」である。

『戦争論』で有名なプロイセンの陸軍将校・軍事理論家のクラウゼヴィッツ（一七八〇〜一八三一）が言っているように、「作戦計画の基礎条件の四分の一は不明である」ものなのだ。これは、いつの時代においても変わりはない。

それでも計画立案の基礎さえはっきりしていれば、情勢が変わったときの修正は簡単である。たとえば、3＋5＝8と計画してあれば、3が4に変わったときの答えは9という具合にたちどころに修正し直すことができる。

◆「代数的運用」を重ね、「決勝点」を絞り込む

そこで信長が、大雑把な「長期作戦計画」（＝今川軍が大軍の威力を発揮できないよう、国境付近の狭いところで決戦する）を踏まえて、「代数的運用」を重ね、いかにして「決勝点」を「田楽狭間」に絞り込んでいったかを、時間を追って見てみよう。

❶永禄三年（一五六〇年）五月十日、今川軍三万は京都に向かって進撃を開始。十五日、その全軍は一挙に進撃しようという強力な戦闘態勢を取っていた。

❷信長は、鷲津《わしづ》、丸根、丹下、善照寺、中島のそれぞれの砦にわずか千人あまりの兵を配備したのみで、自分は清洲《きよす》城にいて、踊りや狂言で日を送っていて動こうとはしない。

❸義元は、十八日、沓掛《くつかけ》砦に入り、「明日十九日未明を期して一斉に戦闘を開始する。本隊は早朝五時半に沓掛を出発して、夕刻に大高城へ入る」と命令し

た。

それでも、信長は依然として作戦会議も開かない。それどころか、家臣たちを下城、休息させ、十八日になっても一日中、何の命令も下そうとしない。重臣たちは、徐々に押しよせてくる今川勢の動静に尾張の運命を案じ、沈痛な面持ちで大広間に詰めていた。

重臣たちには、信長が出撃するのか、籠城《ろうじょう》するのか、成算があって悠然と構えているのか、自暴自棄になっているのか、さっぱり見当がつかず、おろおろするばかりである。

❹しかし、信長は「長期作戦計画」に基づき、義元の動向に関する情報を首を長くして待っている。もちろん、敵の諜報網にこちらの出撃企図をさとられないように万全の注意を払っている。

信長のこのときの代数式は未知数だらけであった。既知数は「義元が大高城に入らないうちに急襲する」ということだけであり、答えは「待機」であった。

❺「義元、十九日は大高泊まり」の情報を手にしたとき、信長の答えは「進発」と変わり、熱田で一千の部下をまとめた。このときの信長の答えは「戦場に急

ぐ」となり、鷲津、丸根の両砦落ちの報を得ても、佐久間盛重討死の悲報を手にしても、彼の答えは変わらなかった。

❻戦場に到着して、今川軍が織田側の国境砦を取って勝ち誇っている姿を目の当たりにしても、「攻撃」の答えは出さない。あくまで義元の本陣を狙うか、眼前の敵を攻撃するかのうちから一つの答えを出したのは、「義元、只今、田楽狭間で昼食中！」の情報をつかんだときであった。

すなわち、信長は清洲城にいて、初めから田楽狭間を狙おうとしていたわけではなかった。時々刻々と変わる状況においてその都度、未知数である「X」を既知数に置き換えていったのであった。

◆人生の「長期計画」は大雑把に立てればいい

話を孫正義に戻す。

アメリカ留学中の孫は、日本で歴史ものの本や映画、テレビドラマなどで織田信長に夢中になり、その戦いぶりに感動していたころのことを思い出していた。そして、信長の「代数的運用法」を天才的な直観で感知し、信長の戦略の立て方を参考にして自らの人生や事業経営に応用しようと試み、自らの「長期計画」を作成したのである。

孫正義が立てた「長期作戦計画＝人生五十年計画」は、重ねて言うと、「まず二十代で自ら選択する業界に名乗りを上げ、会社を起こす。三十代で軍資金を貯める。四十代で何かひと勝負する。五十代で大事業をある程度成功させる。そして、六十代で次の世代に事業を継承する」であった。

このなかには当然、未知数が多分に含まれている。具体的な内容は一つもなく、まさに「X」そのものである。孫正義の代数式は未知数だらけであった。

孫正義の「人生五十年計画」は、あくまでも大雑把である。やや敷衍《ふえん》して言えば、孫正義は決められないことまで無理に決めようとはしなかった。将来のことは大体の方針を決めておけばよい。遠い先のことまで細かく決めても、それはたいてい無駄な努力となる。状況は時々刻々と変わっていくし、不測の事態が発生することも大いにあり得るからだ。

◆ビジネス上の戦いに「代数的思考法」を使う

ビジネス上の戦いに不可欠の兵法としてもっとも活用すべきは「数学」である。そのなかでも、「代数的思考法」を使うべきである。

算術は初めからきちんとした「答え」を求めて計算していく。これに対して代数は、「未知数を含んだ答え」、すなわち「X」をまず出しておく。「答えはXであるとしよう」として、いちおう仮の「答え」とする。これが「置換法《ちかん》」という解法である。

この「置換法」を、人生やビジネスに応用する。「長期作戦計画」でおおよそのこととして示している戦略、すなわち「目標」を、「X」と置き換えておく。そのうえで、**情報収集などの努力によって逐次、この「X＝未知数」を既知数に置き換えて現実化していく**のである。

「長期作戦計画」を「人生五十年計画」として明確にしたときから、孫正義の「X」を既知数に置き換えていく戦いの火蓋《ひぶた》は切られた。

長期目標は「代数的思考法」で立てる

状況は刻々と変わっていく

↓

遠い先のことを細かく決めても、
たいてい無駄になる

↓

長期目標を作成するときは
大きな方針だけ決める。
細かい部分は無理に固めず、
未知数のままにしておく

例:人生計画
20代、「X」という事業で名乗りを上げる
30代、「Y」という事業で軍資金を貯める
40代、「Z」という事業でひと勝負する
⋮

↓

その後、逐次、「XYZ=未知数」を
既知数に置き換えて現実化していく

◆「かたときも教科書を手放さない」猛烈な勉強ぶり

孫はホーリー・ネームズ・カレッジに二年通った後、カリフォルニア大学バークレー校（経済学部）の三年生に編入した。このバークレー校での生活が、その後の孫正義の人生を大きく変えることになる。

アメリカの大学では、学生が名ばかりの学生ではない。真剣に勉強をしている学生ばかりだ。そういう状況のなかで、しかも、コンピュータを二十四時間好きなだけ使える環境に置かれた。日本ではまだコンピュータなど学生がなかなか触れることのできる環境にはなかった時期に、である。これは孫正義にとって大変ラッキーだった。

孫のアメリカ留学は約六年に及ぶ。勉強を最優先するため、食事中でもトイレに入っているときでも風呂のなかでも、教科書や参考書を手放さなかったという。

睡眠時間は、一日に三時間から五時間だった。**道を歩くときも教科書を両手にして読み、自動車を運転中のときも授業のテープを聞き、信号待ちには教科書を取り**

出してハンドルの上に乗せて読んだ。猛烈な勉強ぶりである。孫正義は実感した。

「二宮尊徳さんに勝った」

孫正義は、極めて早いテンポで英会話力を高めていった。事業家を目指していた孫にとって、アメリカでのこの能力アップが、やがて大きなパワーとなってくる。

◆「中古インベーダーゲーム機の輸入販売」で起業の練習

カリフォルニア大学バークレー校に在学中のときから、孫正義はこう決心を固めていた。

「日本に帰ったら事業を起こし、その業界でなんとしてもナンバーワンになってみせる」

そのための練習として、「音声装置付き多国語翻訳機」の発明（詳細は一二七、一七九ページを参照）で得た資金を元手にして、アメリカで会社を起こすことにした。孫正義は昭和五十四年（一九七九年）に、大学の近くに「ユニソン・ワールド」という会社を設立する。

ユニソン・ワールド社で孫は、日本で使い古したインベーダーゲームの機械をアメリカに輸入して、ゲームマシンのソフトを組み立て直し、レストランやカクテルラウンジ、カフェテリア、学生寮などに備えつけた。多いときで三百五十台ほどのゲームマシンを所有していたという。

この商売はよく儲かって、一時はバークレーで最大のゲームセンターを経営するまでになった。ただ、そのスペースとビジネスの権利を買うのに約二十万ドル（当時の円換算で、五千万円以上）も払った。

それも二年で元をとった。ゲームで儲かったお金は「ユニソン・ワールド」の会社資金として注ぎ込んだ。卒業するまでのあいだ、「ユニソン・ワールド」は、さらに百万ドルの大金を孫正義にもたらすことになる。

とにかくバークレー校時代の孫正義はビジネスに熱中した。周囲の人間には、仕事に時間をとられた孫正義が、経済学部の授業にどうやって出席し、単位を取っているのか不思議なくらいだった。

◆「I shall return」

ところが、孫正義は、大学を卒業すると同時に「ユニソン・ワールド」の経営権を共同出資者でもあった副社長に譲り、昭和五十五年（一九八〇年）三月、日本に戻ってきた。

望めば前途洋々たる青年社長として、卒業後もそのままアメリカに留まることができたはずであった。にもかかわらず孫は社長の座を友人に譲り、

「I shall return（必ずまたアメリカに戻ってくる）」

と繰り返し言い残して帰国したのである。それは、十九歳のときに立てた「人生五十年計画」を実行するためであった。

孫正義は当時を振り返って、こう語っている。

「せっかく会社がうまくいっているのにと、みんなにそう言われました。けれども、ユニソン・ワールドは、私にとって学生時代のバイト代わりに経営したもので、いずれ正式に会社を起こすための予行演習みたいなものでした。私は、卒業したら日本に帰るということを最初から決めていた。社員にも日ごろからそう公言していました」

余談だが、孫正義は二十一歳のとき、二歳年上の優美夫人と結婚している。二人ともまだバークレー校の学生だった。

◆ソフトバンクを創業した日から、「みかん箱」の上に乗って演説

日本の大学では、最優秀の学生の大半は、卒業して一流の中央省庁や経営が安定している一流の大企業に就職し、出世コースを歩むのを最良の道と考えている。「寄らば大樹の陰」というわけである。

　これに対してアメリカの大学では、優等生であればあるほど、一生に一度は企業を起こして経営者になるのを最高の名誉と感じているといわれている。このように日米の大学生の気風と価値観は違う。

　孫正義はアメリカの大学の影響を強く受けて帰国した。そして直ちに、経営者として大成するべく事業に乗り出したのである。

　地元・九州に戻った孫正義は、すぐさま西鉄天神大牟田《おおむた》線の大橋駅（福岡市南区）近くにある父親が持っていた土地に個人事務所を開き、市場調査を開始。**どんな事業に携われば「日本一」になれるか**という原点から事業計画を練り始めた。

　その約一年後、昭和五十六年（一九八一年）三月には雑餉隈《ざっしょのくま》（福岡市博多区）に

事務所を移し、そこで「株式会社ユニソン・ワールド」を設立している。

さらにその半年後には、市場調査の期間中に雇っていた二人のアルバイトを引き続き雇い入れ、パソコンのパッケージ・ソフトの卸売業《おろしうり》を手がける「株式会社日本ソフトバンク（現・ソフトバンク株式会社）」を創業した。

アメリカから帰国して一年半、孫正義は新たな挑戦を日本市場でついに開始する。孫正義、弱冠二十四歳のときである。

ある会社の片隅を借りて机を二つ置いただけという、現在の〝世界のソフトバンク〟からすると想像だにできない、貧弱そのものの姿でのスタートだった。

欧米には、「企業は屋根裏から始まる」という言葉がある。ソフトバンクもまた同じだった。そしてそれは企業誕生につきものの、いわば小さな第一歩でもあった。

だが、その実、第一歩は途方もない大野心を秘めたものであった。いよいよソフトバンクをつくる日の朝から、孫正義は何もないオフィスにみかん箱を持ち込み、その上に乗って二人のアルバイトに自らの夢を一生懸命に語った。

「五年以内に百億円の売上規模にする。十年以内に五百億円、いずれは何兆円、何万人規模の会社にする」

その後も孫は同じことを毎日のように熱く語り続けたが、二人のアルバイトはポカンと口を開けながら聞いているばかりで、まもなく二人とも辞めてしまった。よほど気がふれたとでも感じ、呆《あき》れ果ててしまったのである。

しかし周知のように、孫がこのとき語った夢はいま見事に現実のものとなっている。また、このみかん箱の上に乗っての演説は、大企業を率いる経営者に必要な統率力を養うための基礎的な訓練にもなった。

◆人生の勝利者になりたければ、「長期作戦計画」を持て

少し前に、織田信長の「桶狭間の戦い」における「長期作戦計画」を紹介したが、信長はもっと長いスパンの作戦計画ももっていた。そこに仕込まれた目標は、もちろん「天下統一」である。

織田信長が「天下取り」の野望を「長期作戦計画」に仕込んでいたように、孫正

義は、「自分が手がける仕事の分野で日本一になる」という野望を、「人生五十年計画」のなかに織り込んでいた。

「計画を立てて実行すれば、世の中に不可能なことはそう多くない」

孫正義は、自信を持ってこう断言している。人生においても、いわんや事業においても、勝利者になろうとするからには「長期作戦計画」を持っていることが必要である。

一般的に、一つの分野で第一人者になるには最低十年はかかるといわれている。

「十年後にはこうありたい」と自分が成りたい姿を思い描くとすれば、いますぐにその実現に向けて計画を立てなければ手遅れになる。

自分が目標とする姿になるための条件が揃わなくては計画できない、というのでは拙劣である。事が起きるのは遠い将来であっても、そのための準備はいますぐ始めなくては間に合わない。

第2章

「孫の二乗の法則」の定義

二十五文字それぞれの意味

道	天	地	将	法
頂	情	略	七	闘
一	流	攻	守	群
智	信	仁	勇	厳
風	林	火	山	海

◆病床で「孫子の兵法」にめぐり合う

孫正義が「孫の二乗の法則」を編み出したのは、二十六、二十七歳のころだった。

パソコンのパッケージ・ソフトの卸売業を手がける「日本ソフトバンク」を立ち上げ、事業が軌道に乗り始めた矢先、孫は慢性肝炎にかかり、入退院を繰り返さざるを得なくなった。

病院では、もっぱら読書で時間を費やし、ビジネス書をはじめ、歴史書、カーネギーやロックフェラー、松下幸之助、本田宗一郎のサクセスストーリーなど、多数の書物を手当たり次第、読破したという。そのなかで、最も強い影響を受けたのが、**「孫子の兵法」**と**「ランチェスターの法則」**だった。

『孫子』（全十三篇）とは、中国の春秋時代（紀元前七七〇〜前四〇三年）に呉王・闔《こう》閭《りょ》に仕えた思想家・孫武《そんぶ》の作とされる兵法書。孫武の子孫といわれる孫臏《そんぴん》が著者という説もあったが、一九七二年に山東省銀雀山《ぎんじゃくざん》から兵書の竹簡《ちくかん》が発見され、孫武

「孫子の兵法」の全体構造

始計篇	事前に的確な見通しを立ててかかれ
作戦篇	速戦即決で早期収束を心がけよ
謀攻篇	戦わずして勝つことが最善の勝利
軍形篇	不敗の態勢で自然の勝利を目ざせ
兵勢篇	集団の力を発揮して勢いに乗るべし
虚実篇	主導権を握って変幻自在に戦え
軍争篇	迂直の計で相手の油断を誘え
九変篇	総合的判断で臨機応変に対応せよ
行軍篇	作戦行動の心得と敵情探索の秘訣
地形篇	地形を掌握し、部下の統率に意を用いよ
九地篇	部下のやる気と集団の力を引き出せ
火攻篇	慎重な態度で戦争目的を達成すべし

適用

用間篇	情報収集・謀略活動に力を入れよ

※用間篇は、すべてに適用される

（出典：守屋洋著『孫子の兵法』三笠書房刊）

が『孫子』の著者であることが確実視されるようになった。古今東西の兵法書のうち、最も著名なものの一つといって間違いない。
日本には遣唐使・吉備真備《きびのまきび》が七三五年に持ち帰り、その後、大江氏、源氏が継承し、戦国時代には毛利元就《もとなり》が厳島《いつくしま》合戦に、武田信玄が川中島合戦に、徳川家康が関ヶ原合戦などで用い、江戸幕末には吉田松陰が萩藩校「明倫館」で教授した。

一方、「ランチェスターの法則」は、英国の航空技師だったF・W・ランチェスター（一八六八〜一九四六年）が戦争を分析して導き出した軍事法則で、競争に打ち勝つための科学的法則である。ランチェスターは自動車や飛行機のエンジニアらしい視点、手法によって、対峙する軍勢の兵力と戦果の相関関係を明らかにした。日本では、中小企業の経営戦略として注目されることが多い。

◆「孫武は、わが祖先に間違いない」

「孫子の兵法」と「ランチェスターの法則」には、孫正義自身が漠然と思っていたことが論理的に表現されていた。

「孫の二乗の法則」はこうして生まれた

ランチェスターの法則

英国の航空技師だったＦ.Ｗ.ランチェスターが
過去の戦闘結果を分析して導き出した、
戦争に勝つための科学的法則

＋

孫子の兵法

中国春秋時代に呉王・闔閭《こうりょ》に仕えた
思想家・孫武の作とされる兵法書。
古今東西の兵法書のうち最も著名なものの一つ

＋

孫正義の経営実践＆哲学

＝

孫の二乗の法則

とくに『孫子』に関しては、「孫武は、わが祖先と関係があるのではないか」と感じ、親しみを持ちながら読み進んでいった。次第に、「祖先に間違いない」と思い込むようになる。そしてついには、**『孫子』の「孫」と自らの「孫」を掛けた「孫の二乗の法則」を編み出す**のである。

ただ、『孫子』は、紀元前の中国で活躍した孫武が遺《のこ》した漢字だらけの著書である。読みこなして理解するだけでも大変だったはずだ。そんな難解な文章に対し、二十代半ばの青年実業家・孫正義は、病を押して挑戦した（「ソフトバンクアカデミア」開校式の講義では、「異なる著者の解説本を三十冊以上読んだ」とも語っている）。

まさに眼光紙背《がんこうしはい》に徹する苦闘のなかから、現代のビジネスに役立つエッセンスのみを抽出できたのは、ひとえに「日本一」、否、「世界一」を目指そうとする野心とアメリカの大学で学んだ「経営学」、そして経営実践の賜物《たまもの》であった。これらがなくては、到底、「孫の二乗の法則」を開発することは、難しかったであろう。

これらの読書体験と思索を踏まえて、孫正義は、ビジネスという「戦」に勝つためのエッセンスとも言うべき「原理・原則」を悟った。

「わが意を得たり」

と、目からウロコが落ちた感じを受けたのである。

◆「孫の二乗の法則」を開発した経緯

孫正義は、ビジネス誌『プレジデント』（一九九七年一月号）の「リーダーが『座右』に置く孫子の『至言』」という特集のなかで、「孫子の兵法」に関心を持った動機や「孫の二乗の法則」を開発した経緯などについて、こう述べている。

「『孫子』は実践の書である。しかも、書かれてから二千数百年を経た今日でさえ、なお斬新な示唆に富んでいる。

これは、孫子の兵法が机上の空論ではなく、基本的なものの考え方として、非常に冷静かつ合理的に戦《いくさ》を事業として捉えているためであると思う。

私は高校時代からアメリカに留学したこともあって、ビジネス関係も含めてアメリカ人の友人は多い。そして意外と思われるかもしれないが、彼らの多くは孫子をよく知っているのだ。

孫子は英語でも中国語と同じくソンツーと読むが、英訳の紹介本も出版され、すでに読んだという友人が多かった。文字どおり、古今東西を問わず、相通じる兵法書、実践の書なのである。

私は孫子の兵法に関わる書物を貪《むさぼ》るように読んだ時期がある。一九八一年にソフトバンクを創業し、事業が軌道に乗り始めた矢先の八三年からの三年半、慢性肝炎で入退院を繰り返すことを余儀なくされたときである。

これもよい試練と考え、孫子を学んだが、そのとき得た一つの結論として、孫子の〝孫〟と自分の姓を掛け合わせ、『孫の二乗の法則』と命名したビジネスの法則を創り上げた。

『一流攻守群　道天地将法　智信仁勇厳　頂情略七闘　風林火山海』

この二五文字は、孫子の言葉と私自身の創作を重ね合わせたものだ。私は新規事業に挑むたびに、事業が新たな局面や分岐点を迎えるたびに、この二五文字を頭の中に思い浮かべ、何回も自問自答を繰り返し、進むべき道とビジネスのありようを決めてきた」

孫正義は、アメリカに留学中、友人たちの多くが「孫子の兵法」を読んでいることを目の当たりにしていた。アメリカ流の経営学を学んでいた孫自身、意外な光景だっただろう。この伏線があったがゆえに、病床中の孫正義は、すんなりと「孫子」に嵌《はま》ったのである。

◆「道天地将法」の定義

さあ、いよいよ「孫の二乗の法則」の二十五文字の解説に入る。

孫正義は平成二十二年（二〇一〇年）七月二十八日、「ソフトバンクアカデミア」開校式で、「孫の二乗の兵法」をテーマに講義をした。そのとき、二十五文字についてそれぞれ説明を行なっている。それを適宜引用しつつ、以下、解説を試みることにしよう。

道――まず志を立てよ

まず第一段目、「道天地将法」は、『孫子』「第一　始計篇」に出てくる言葉である。

一つ目の**「道」**は「孫子の兵法」では、「民と統治者の意思が一体となる、正しい政治のあり方」という意味である。一方、「孫の二乗の法則」の定義では、「理念、志」というシンプルな表現になっている。

孫は、この「道＝理念、志」こそが、何か事を成すうえで最も重要なものだという。

ではソフトバンクグループにとっての「道＝理念、志」とは何か。それは「情報革命で、人々を幸せにすること」。孫正義はさまざまな機会でそれを口にし、グループ社員の心に浸透させせようとしている。

天──「天の時」を得よ

次に**「天」**は、『孫子』においても「孫の二乗の法則」においても、「天の時、タイミング」といった意味である。

「天賦《てんぷ》の才能」、つまり天から才能を授けられていても、発揮する「時」を得なければ、せっかくの才能も無駄になる。このため、「タイミング」を計ることが大切になる。**時代を読まなければいかなる天才も、ただの凡才として一生を無為に過ご**

すことになる。

孫正義は、人類二十万年の歴史のなかで「農業革命」「工業革命」「情報革命」という三つの大きな革命があったが、そのなかで一番大きいのは「情報革命」であるという。そして、「インターネットによる情報ビッグバン」という絶好のタイミングに生を受けた自分たちはとてもラッキーであり、**「この超ビッグな幸運のときに生まれたという、この天の時を活用して羽ばたかなきゃいけない」**と熱く語っている。

地──「地の利」を得よ

その次の**「地」**は、「地の利」である。

「孫子の兵法」は、「高地低地・遠路近路・険阻平坦・広狭・死地生地などの地形条件」としている。戦においては敵陣に対してどこに自陣を張るかで勝負が決まってしまう。それだけに「地の利」は大事である。

いうまでもなく、ビジネスにおいても、オフィスや店舗をどこに置くかはきわめて重要だ（実際、ソフトバンクは何度も本拠地を変えている。詳細は一五八ページ参照)。

それは**個人でも同じで、どこに住むかで、入ってくる情報や得られる人脈ネットワークの質は大きく違ってくる。**

「アジアの新興国」が急成長している今日、アジアをメインの拠点にしているソフトバンクには「地の利」がある、と孫は断言する。

「十五年前はアメリカ人がインターネット人口の五〇%だった。アジア人は一九%であったと。(中略)いままではアメリカ人の会社じゃないとインターネットナンバーワンになれなかった。グーグルだ、アマゾンだ、ヤフーUSだ、イーベイだ、いろいろあるけどね。みんなアメリカの会社でしたよね。つまり、お客さんの、ユーザーの五〇%がアメリカ人ならば、当然英語のウェブサイトで、アメリカ人の生活習慣に合ったビジネスモデルでというふうになっていくわけですね。だから、アメリカ人に地の利があった」

しかし、これからは違う。五年後には、アメリカ人はインターネット人口の一二%になり、アジア人が五〇%になる。すでに中国人のインターネット・ユーザー数は、アメリカ人のそれを抜いたという。

「われわれはまさに地の利を得た。天の時を得て、地の利を得たならば、これはもうやらんといかんばい」と、孫正義は力説している。

将——優れた部下を集めよ

四つ目の「**将**」は、文字どおり「将軍」の意味である。

「孫子の兵法」では、才知、誠信、仁義、勇敢、威厳といった「将軍が備えるべき能力」のことを指す。「孫の二乗の法則」では、自分自身が能力を磨くだけでなく、そうした能力をもった「優れた将（＝部下、スタッフ）を得ること」の重要性も、この字に込めている。孫は言う。

「どんな戦いをやるにおいても、優れた将を得なければ大きな成功はできない。（中略）皆さんを支える優れた将を最低でも十人、皆さんのために、場合によっては腕の一本、足の一本をいらんと、場合によっては命さえもいらないというぐらいの志を共有する、そういう将を皆さんがどれだけ部下に持てるかと。これが皆さんが大将の器として、山を引っ張れるかどうかというようなことになる」

いかに優秀な人でも一人では何もできない。大きなことを成すためには、志を共にする協力者がどうしても必要だ。これまで孫正義は、ソフトバンクグループの「大将」として、数多くの優れた「将」を集めてきた。現在ＳＢＩホールディングスＣＥＯの北尾吉孝も、まさにその一人である（一三六ページを参照）。

法――「継続して勝てる仕組み」をつくれ

最後の「法」について、「孫子の兵法」は「法制」としている。法制とは、「組織編成、指揮合図の規制、大将や軍官の職務上の責任、糧道《りょうどう》と軍需品の管理の状況とその制度が厳格に執行されているか否か」をいうとされている。

これを受けて孫正義は、「法」というのは「システム、仕組み、ルールづくり」だとしている。

「成功のためには行き当たりばったりで、まぐれ当たりで得た果実というのは続かない。単なるそのときの根性というだけで得たものは続かない。仕組みをつくって、システムをつくって、法則をつくってという形でいかないと、大きな組織づくりというのはできない。継続して、勝つ仕組みはできない」

孫のこの言葉どおりに、ソフトバンクには「日次決算」（一六五ページを参照）など、独自につくり上げたシステムが数多くある。

もちろん、**一回のまぐれ勝ちに慢心せず、それを仕組み化して勝率を上げていくことは、企業だけでなく、ビジネスマン一人ひとりの成功においても不可欠なこと**である。

◆「頂情略七闘」の定義

第二段目は、すべて孫正義のオリジナルである。

頂――ビジョンを鮮明に思い描け

一字目の**「頂」**は、「ビジョンを持つ＝山の頂上から見渡した景色を想像する」という意味だ。

当たり前だが、山頂からの景色というのは山を登っているときには見えない。頂上に登ってみて初めて見えるものである。しかし孫正義は、**山頂からの景色を〝登る前に〟想像することこそが、「ビジョンを持つ」ということ**だという。

まず自分が登る山を決める。そのうえで、十年後、二十年後、三十年後に、どういう世の中になるのかを常に考え、ビジョンをより鮮明にしていく。孫は言う。

「その山（自らが登るべき山）を決めたら、自分の人生はもう半分決まるということであります。勝利が半分決まるということです」

「なんとなくこうなれば」というのは、ビジョンとは呼ばない。十年後にはこうなる、二十年後にはこうなるというように、**「必達目標＝コミットメント」**と**「明確な最終期限＝デッドライン」**を決め、そのときのイメージを徹底的に思い描く。「コミットメント」とは、達成できなくても、誰からも咎《とが》められることのない単なる「努力目標」ではない。命を賭けて実現しなければならないほど、厳しいものなのである。孫正義も、

「ビジョンなんて急に浮かばない。普段から考えに考えて、ちぎれるほど考え抜かないと。そんなポッと、二、三日考えて浮かぶようなもんじゃない」

と言っている。平成二十二年（二〇一〇年）六月の定時株主総会で孫が発表した「ソフトバンク新30年ビジョン」（二〇三ページ参照）も、一年間ずっと考え抜いてようやく形になったものだという。

情――情報を徹底的に集めよ

次の「**情**」は、言うまでもなく「情報」のことである。

ビジョンを描いただけで満足してはいけない。ビジョンを描いたら、そのビジョンが本当に正しいのか、徹底的に情報収集を行なわなければならない。

孫正義は、事業家としてどんなビジネスを生涯の仕事にすべきか探っていたころ、**一つの事業・ビジネスモデルについて一メートル以上も資料を集め、調べ抜くということを、四十もの事業・ビジネスモデルに対して行なった**（二〇九ページ参照）。その結果、「これだ、これをオレはやるぞ」という事業・ビジネスモデルを探り当て、確信を得て事業を開始したのである。

ちなみに、「孫子の兵法」も、「情報収集」を最重要視しており、「情報収集者＝間者＝スパイ」を「国の宝」と呼び、為政者は「情報収集者に千金を惜しむな」と力説している。

略――戦略を死ぬほど考え抜け

次は「**略**」である。これはビジョンを実現させるための「戦略」という意味だ。

戦略の略というのは、「略する」ということ。ありとあらゆる情報を集めたら、それを分析し、無駄なもの、雑音（ノイズ）、あるいは枝葉を徹底的に除去し、一番太い幹になる部分、しかもそのなかの〝急所〟を見つけるのが、戦略ということである。孫正義はこう強調する。

「死ぬほど情報を集めて、死ぬほど考え抜いて、死ぬほど選択肢を出して、あらゆる選択肢を網羅して、そのうえで九九・九九％削ぎ落として、絞り込む。（中略）**これもやる、あれもやる、みんなやるというのは戦略ではない」**

戦略を立てるというと、「とりあえずやってみよう。頭でっかちになるな」と、すぐに戦術から入ろうとする人がいる。しかし、**「戦略なき戦術（実践）」は結果的に大きな無駄を生む**ことが多い。これはビジネスにも個人にもいえることである。

七――七割の勝算を見極めよ

四番目の**「七」**は、孫正義が「マジックナンバー」としている数字である。

「孫子の兵法」は「算《さん》多ければ勝ち、算少なければ負ける」と説く。勝負に打って出るとき、必ず「勝算」を計らなくてはならない。

しかし、現実には、絶対に勝てると保証されている戦いはあり得ない。問題は確率である。孫正義は「五分五分だと勝負に出てはいけない」と注意する。勝つ確率と負ける確率が半々だからである。

さりとて、「九割の勝算」まで、グズグズして待っていると、ライバルに先を越され、後塵を拝することになってしまう。だから「七割の勝算」を確信できたとき、勝負に出るべきだというのである。

まとめていえば、リスクを取ることは大切だが、「三割以上のリスクは冒《おか》さない」ということだ。これを孫正義は、「とかげの尻尾も三割ぐらいなら切っても生えてくる。半分切ったら、はらわたまで出てきて死んでしまう」というユニークな表現でわかりやすく説明している。

孫正義は、何事もリスクを恐れず挑戦するというイメージがある。それに対して、本人が「本当はものすごく用心深いんです」と語っているのは興味深い。

闘——自ら闘って事を成せ

この段の最後の「闘」は、「いざ、勝負に打って出たなら、徹底的に闘い抜く」

という意味である。孫正義は「**いくら高邁《こうまい》な理論を言おうが、戦略的な素晴らしい考えを持とうが、事を成すというのは闘って初めて事を成す**」と力説する。

人々を幸せにする志を立て、そのためのビジョンを描き、それを口にすることは誰にでもできる。でも、どんな優れたビジョンを描いても、どんな素晴らしい情報を集めても、どんな優れた戦略をつくっても、自ら命を賭けて闘い抜かないかぎり、そのビジョンを実現することはできない。口先だけの評論家が何かを成し遂げることは、あり得ないのである。

◆「一流攻守群」の定義

第三段目も孫正義のオリジナル。この五文字は「闘いのための戦略編」である。

一――一番に徹底的にこだわれ

最初の「**一**」は、文字通り「一番」という意味だ。孫正義は「二番は敗北だと思え」という強い言葉で、一番に対して強いこだわりを持つことを求める。

それは、二番でいい、ましてや三番、四番でいいなどと思っていると、志を高く持って大きな事をやり遂げるという気概が起きなくなるからだ。それに、一番になればゆとりが生まれ、より責任を持った事業が展開できる。

孫正義は、一番になれないことには最初から手を出さないという。

「圧倒的ナンバーワンになれるという自信のある分野にしか、そもそも手をつけない。（中略）圧倒的ナンバーワンになるという戦略が見えた、その分野だけに手をつける」。その代わり、「自分がやれると、やれるはずだと思える分野では、絶対一番になると決めて。決めたら、とことんやり抜く。勝ち癖をつける、勝ちにこだわる、一番にこだわる、圧倒的ナンバーワンにこだわる」のだ。

流——時流に乗れ。時流に逆らうな

次の**「流」**は、「時流」という意味である。

これには、「時代の流れに乗る」と「時代の流れに逆らわない」という二つの意味が含まれている。

大志を抱き、何事かを成そうと野心を抱くからには、**時代の流れを先取りし、行く末を見通し、いち早く仕掛ける**必要がある。これが成功の第一歩だ。

では、自分のいまいる場所、組織などが時代の流れに合わないものだった場合はどうすればいいか。たとえば、斜陽業界にある親の会社を引き継がなければいけない場合などが、その最たる例だろう。そのときはいち早く業態転換をしなければいけない、と孫はいう。時代の流れに合わないことがあるなら、いち早く流れに合うほうに変える。これが「時代の流れに逆らわない」ということだ。

時流を正しく理解するには、先見力と深い洞察力、あるいは識見が欠かせない。言うなれば、「観見《かんけん》二つの眼」を持って遠くを望み、近くをよく観察することが大事である。

攻——あらゆる攻撃力を鍛えよ

次に「**攻**」という文字に進もう。これは文字通り「攻撃力」のことである。

攻撃力とひと口にいっても、顧客から契約を取る営業力、交渉を成功に導く説得力、次にくる技術を見通す洞察力など、さまざまなものがある。

孫は、とくにリーダーたる者は誰にも負けない攻撃力を自分が持っていないと、大勢のスタッフや部下を率いてはいけないという。

しかも、「営業は得意だけど、技術は苦手」といったことではダメで、あらゆる攻撃力を身につけておかなければならない。

守——あらゆるリスクに備えよ

四つ目の**「守」**は、「守備力」という意味である。

攻撃ばかりで猪突猛進《ちょとつもうしん》していると、思わぬことで「落とし穴」に落ちてしまう危険がある。人生でも事業でも同じなのだが、一番の「落とし穴」は、資金不足、あるいは、資金ショートである。おカネのことを「お足」というように、「資金」がなくなり、まさに首が回らなくなると、行動できず、生活もできなくなる。事業ならば、倒産に追い込まれる。

この意味で**最大の「守備」は、キャッシュフローの確保**にある。

群——単一ブランド・ビジネスで勝負するな

この段最後の**「群」**という文字は、「群戦略」という意味である。

人生でも事業でも「一意専心」することは大事であるが、中心になる仕事や事業だけでは、これが行き詰まったとき、一気に「ゲームセット」となってしまうので危険である。

このリスクを回避するには、中心になっているものの周辺に、複数の仕事や関係事業を「浮き袋」のように設けておく必要がある。どれかがダメになっても、ほかがカバーしてくれる。これが「群戦略」である。またこれには、優秀な人物や会社と組み、同志的結合により軍団をつくり、「リスク・ヘッジ（危険回避）」していくという意味もある。孫は言う。

「三十年でピークを迎えていいということであれば、シングルブランド・シングルビジネスモデルが一番効率がいい。でも、あのマイクロソフトですら、いまもう成長が鈍ってきてしまっている。インテルですら、いまから五十年後、百年後にどれほど生き残れているかと。シングルブランド・シングルビジネスモデルの危うさというのはそういうことです」

ちなみに、ソフトバンクグループでは、三十年以内に五千社の同志的結合をつくるということを目標にしている。

◆「智信仁勇厳」の定義

第四段目の「智信仁勇厳」は、「道天地将法」と同じく『孫子』「第一 始計篇」に出てくる言葉からとったもの。この五文字はいずれも、「真のリーダーになるために身につけておくべき素養」を示している。

智――知的能力を高いレベルでバランスよく磨け

第一字目である**「智」**は、「知恵」という意味である。だが、ひと口に「知恵」といっても、奥は深い。「英知」と言い換えてもよい。

これは、単なる「知識」や「技術」というのとは異なる。具体的には、考え抜く力、ファイナンス面の分析能力、技術の専門的知識、プレゼンする能力、グローバルな交渉力など、あらゆる知的能力をバランスよく持っていることである。

しかも、そのバランスは低いレベルで取れていても意味がない。孫正義の言葉を借りれば、**「どれをやってもそれぞれの分野の専門のやつと丁々発止《ちょうちょうはっし》して（中略）一番高い次元のレベルでの議論ができると。そういう能力を持っていないとダメ」**

ということだ。

この域まで到達するのは並大抵のことではない。それだけに「**勉強しまくらんとあかんよ**」と、孫は活を入れる。

信——信頼に値する人物であれ

「**信**」とは、「信頼、信義、信念、信用」という意味である。

孔子の言葉に「民信無《たみしんな》くんば立たず」というのがある。「社会は、人間同士の信頼関係がなければ成り立たない」という意味である。

どんなに「群戦略」が大事だといっても、「信頼、信用」がなければ同志的結合は成立し得ない。仮にパートナー・シップは組めても、信義に厚く、強い信念をもっている人間でなければ、パートナーとして尊敬されない。

仁——人々の幸せのために働け

次に「**仁**」は、「仁愛《じんあい》」という意味である。

身近な人々に対する「慈《いつく》しみの心」を持たなくてはならないのはもちろんのこ

と、もっと広く「人々の幸せのため、人々への仁愛のために仕事や事業をしている」という思い、あるいは、志を抱いて、働いていることが大事である。

つまり、この字には単なる私利私欲、野望を達成するために働いているのではないという意味が含まれている。それは「公私の区別」をすることでもあり、「天下国家、国民」さらには、「人類の幸せのため」という「公」に尽くすことでもある。孫正義の場合は、「情報革命」に携わって、「人々を幸せにしよう」としている。

勇――「闘う勇気」と「退却の勇気」を併せ持て

次の**「勇」**は、改めて言うまでもなく「勇気」という意味である。

勇気と言えば、勇猛果敢に戦う勇気が一番先に思い浮かぶ。何かに立ち向かって、前進していく勇気である。だが、孫正義は、それとは正反対の「退却の勇気」を挙げている。「それ行け、ドンドン」ではなく、危険な状況、事態から「一目散に逃げる勇気」である。

「恥の文化」で生きてきた日本人の多くは古来「退却」が苦手である。前進して、負け戦に陥っても「退却」できず、代わりに「転戦」と言って、敗北を認めず、ついには玉砕してしまう習性が強い。

孫正義は**「退却するには十倍の勇気がいる」**と言い、その難しさを認めながら、家庭を崩壊させず、会社を滅ぼさず、国を滅ぼさないために、ピンチに立ったときに「退却の勇気」を発揮する必要性を力説している。

厳――時として愛する部下にも鬼になれ

この段の最後**「厳」**は、自分にも、かわいい部下にも、「厳しくすべきときは、厳しくする」という意味である。

「泣いて馬謖《ばしょく》を斬る」という言葉があるように、身内や側近に対しても、厳しい処分を迫られる場合がある。そのとき、甘い判断、甘い処分でやりすごしていると、綱紀が緩み、肝心なときに、リーダーの命令を誰も聞かなくなる。

部下に侮《あなど》られていたのでは、指揮は執れない。監督もできない。だからリーダーは、時として強烈な鬼にならなくては秩序は守れない。そうでなければ、家族も組織も持たない。何事もメリハリが大事だということである。

◆「風林火山海」の定義

最後の第五段目「風林火山海」の「風林火山」は戦術、いざ戦をするときのやり方を示したものだと、孫は説明している。『孫子』の言葉のなかでも最も有名なものであり、多くの説明は不要だろう。

風——動くときは風のように速く

第一字目の「**風**」は、「その疾《はや》きこと風の如く」というのが、原文である。「軍隊が進撃するときは、疾風のように迅速でなくてはならない」という意味で、スピーディーな戦いぶりの重要性を説いている。「時はカネなり」といわれるように、ビジネスにおいてもスピーディーな行動はきわめて重要なものである。

林——重要な交渉は極秘で進めよ

第二字目の「**林**」の原文は、「その静かなること、林の如く」。「軍隊が待機しているときは、林のように静かに」と訳す。

孫正義は、「水面下で重要な交渉を進めるときは、林のように静かに極秘に進めなくてはいけない」という意味で使っている。

「ソフトバンクアカデミア」開校式の講義では、『iPhone』の国内販売権獲得に関して約六年前から極秘で交渉を進めていたことを明かした。また、平成十六年（二〇〇四年）のダイエーホークス買収においても、この「林」の戦術で球団獲得を見事に成功させている（二五五ページ参照）。

火――攻めるときは火のように激しく

第三字目の「**火**」は、「その侵掠《しんりゃく》（侵略）すること火の如く」が原文で、「軍隊が攻撃するときは、烈火のように激しく」という意味。燃え盛る火が燎原《りょうげん》に広がっていく様が、大軍の猛烈な攻撃ぶりを示している。攻めるときは、間髪を入れず、一《いっ》気呵成《きかせい》に攻め込んでいかなければ、勝利は得られないという教えでもある。モタモタしていると敵にやられてしまうのだ。

山――ピンチに陥ってもブレるな

第四字目の**「山」**は、「その動かざること山の如く」。「軍隊が動かないときは、山のようである」と訳す。

「孫の二乗の法則」においてこの字が何を意味するか、「ソフトバンクアカデミア」開校式の講義では言及がなかったが、「ブレてはいけないもの、不動でなくてはならないものは、戦いのなかで何が起こっても決して動かさない」ということだろう。ソフトバンクにとって不動のものとは、「情報革命で人々を幸せにする」という志にほかならない。

また、ピンチやスランプに陥ったとき、ジタバタせず、冷静に問題に対処することの重要性も、この文字には込められているに違いない。

海——戦いに勝ったら相手を包み込め

最後の**「海」**は、孫正義のオリジナルである。

「風林火山」の戦いが終わると、戦場は死屍累々《ししるいるい》としている。しかし、焼け野原のままではそこからまた新たな戦いが始まってしまう。勝者が、広い、深い、静かな海のように、すべてを呑み込んで、天下を平定して初めて戦いが終わる——。孫正義はそう考えている。

「本当は『孫子』のほうはこの海という字じゃなくて、雷の如しとか、陰の如しとか、いろんな他の表現があるんですけれども。僕はそっちよりも、この海というほうが戦いを終わらせる、本当に戦いに勝つという意味で適しているというふうに、勝手にバージョンアップしたということですね。どうせもういないから、勝手にバージョンアップして、怒られないだろうということです」

◆「孫の二乗の法則」が、縦五文字×横五文字になった理由

ところで、孫正義が「孫の二乗の法則」を「横五文字」の配列にしたのは、孫子の兵法の「五条」(「第一 始計篇」で示されている「道天地将法」のこと)に由来しているから、というのは納得できる。

だが、「なぜ縦五段組」になったのかについては、縦横五文字同数による「正方形」という形の美しさのほかに、何か別の理由があったのではないかという素朴な疑問に逢着《ほうちゃく》する。

そこでふと思いつくのが、孫正義が尊敬する歴史上の人物である。子供のときから この「二十五文字」の文字盤を作成するまでに、孫正義は二宮尊徳、織田信長、坂本龍馬、渋沢栄一の四人を尊敬していたことに思いが至る。

実は、この二十五文字には、孫武を含めて五人の思想、哲学、実践行動指針が組み込まれているのである。いわば憧憬としての五人の偉人と自分自身の思いとによって構成されている。

まず**「道天地将法」**から見ていこう。

「道」は、「理念、志」を意味することから、天下布武を目指した織田信長と開国を夢見た坂本龍馬を彷彿《ほうふつ》とさせる。

「天」は、「天の時、タイミング」を表すことから、桶狭間合戦で奇襲攻撃に成功した織田信長、「船中八策《せんちゅうはっさく》」に大政奉還を盛り込んだ坂本龍馬の姿が浮かぶ。

「地」は、「地の利」を意味する。新首都・東京を拠点に日本の資本主義の基礎を築いた渋沢栄一を思い出す。

「将」は、「優れた将」のことで、優秀なスタッフのこと。古くからの家臣団と新規採用の豊臣秀吉のような実力ある人材を抜擢して軍団を編成した織田信長、日本で初めて株式会社をつくり、優れた人材を集めた渋沢栄一を想起させる。

「法」は、「システムやルールづくり、継続して勝つ仕組みをつくること」である。これも大軍団編成の織田信長、株式会社を組織し、資本主義経済体制（システム）をつくり上げた渋沢栄一がそのモデルである。孫正義は「私は、日本の資本主義の基礎を築いた渋沢栄一を尊敬している」と明快に発言している。

次に**「頂情略七闘」**を見てみよう。

「頂」は、「ビジョンをイメージすること」である。織田信長の「天下布武」、坂本龍馬の「開国維新」というビジョン、渋沢栄一の「日本の近代化」がそれに当たる。

「情」は、「情報収集」である。織田信長は、合戦に当たり「忍者部隊」を駆使していた。

「略」は、「戦略」を意味している。これもまた、織田信長である。

「七」は、「勝負する最適のタイミングは七割の勝算が見えたとき」を示すマジックナンバーである。織田信長、坂本龍馬、渋沢栄一は「勝算」を悟ったとき、それに突き動かされるかのように「思い切った行動」に打って出ている。織田信長は京を目指す今川義元の前途を阻む桶狭間合戦に、坂本龍馬は二度の脱藩に、渋沢栄一は明治政府の要請で出仕していた大蔵省を辞して実業家として生きる決意をして第一国立銀行の設立にと、それぞれ大転換を図ったのである。

「闘」は、「命を賭けて闘って初めて、事を成すことができる」ということである。織田信長、坂本龍馬の生き様がよく示している。

さらに**「一流攻守群」**に進んでみよう。

「一」は、「一番に対する強いこだわり」である。天下布武、天下を武力で統一し、「天下人」になろうとするのは、「一番」になろうという強い願望がなくては叶わない。織田信長は、まさにそういう戦国武将だった。

「流」は、「時代の流れを見極め、先を読んで仕掛けて待つ」ということ。織田信長、坂本龍馬、渋沢栄一がそういう大人物だった。

「攻」は、「攻撃力」である。織田信長は、長篠合戦で木柵と鉄砲の罠を設ける。

精鋭三千の射撃手を三段構えに配し、その前に武田軍の騎馬隊を阻止する馬防柵《ばぼうさく》を設け、斬新な戦法で、武田の軍勢を壊滅させた。

「守」は、「守備力」だ。渋沢栄一は、英国で実際に見たイングランド銀行をモデルに第一国立銀行を創立したのをはじめ、多くの銀行の設立・育成に努め、日本の資金力を蓄えた。

「群」は、「戦略的シナジーグループ」を形成する意味である。渋沢栄一は、株式会社五百社を設立、自らを「よろず屋」と称した。孫正義はいま、「ソフトバンクグループでは三十年以内に五千社の同志的結合軍団をつくる」と、渋沢栄一の十倍の目標を掲げている。

次に、四段目の**「智信仁勇厳」**。

「智」は、「思考力、プレゼン能力、考え抜く力、理解力、専門的な知識、交渉力等。それらをバランス良く持ち合わせる」と、かなり奥深い。二宮尊徳は、漢籍『大学』を読みながら歩いた「金次郎」時代から勤勉、努力の人で、独特な政治力を持った農政家で知られた。孫正義は、子供のころから二宮尊徳を尊敬していたのである。

「信」は、「信義、信念、信用。信義に厚く、信頼に値する人物でなくては、パートナーとして尊敬されない」ということを意味する。渋沢栄一は江戸幕末、第十五代将軍・徳川慶喜の弟・昭武に従者としてフランス万博に同行。帰国してフランス滞在中の収支、荷物その他を整理・始末し、残金引き渡しのため、当時、静岡の宝台院に謹慎中の慶喜を訪問して報告した。フランス滞在中の諸計算をきちんと報告した者が渋沢栄一以外ほとんど皆無だったため、慶喜はじめ周囲の人々から大いに信頼を深めた。実際には二宮尊徳と面識はなかったが、高弟から話を聞いて、間接的に影響を受ける。孔子の『論語』を講義し、人の道を説いた渋沢栄一は、経済人のあり方について「経済道徳合一」を説いた。

「仁」は、「リーダー自身が深い仁愛を持つ」ことの大切さを意味する。渋沢栄一は、ライ病の女性の身体を洗う慈悲深い母の感化を受け、東京養育院の院長を務め、七十歳のとき一切の役職を辞した後も東京養育院院長だけは辞めず、子供たち数千人を優しく育て、就職まで世話をしている。孫正義は、そういう優しい渋沢栄一を尊敬している。

「勇」は、「闘う勇気、腹をくくる勇気、退却の勇気。特に退却するときは、攻めるときの十倍の勇気が必要」という意味。織田信長は、退却の名人だった。北陸攻めをしたとき、「本来の目的は京都確保にある」として上杉謙信軍との大決戦の愚を悟り、退却を断行。この不名誉な退却が信長に天下を取らせた。

「厳」は、「真のリーダーは、時として鬼にならなくてはいけない」ことを意味する。これも信長がぴたりと当てはまる。

最後の五段目は、**「風林火山海」**。戦いの天才と言われた武田信玄と織田信長を象徴している。最後の「海」は、孫正義の闘いが完結した暁にたどり着く心境である。

第3章

「一流攻守群」の実践と応用

「一番になれるもの」を徹底的に探す

◆旧バージョンの配列順のほうが孫正義の足跡を説明しやすい

さあ、いよいよここからは、「各論」である。孫正義が**「人生五十年計画」を実行するなかで、「孫の二乗の法則」をいかにして活用したのか**、その実践と応用の仕方を振り返ってみよう。

だが、冒頭、前もってお断りしておかなくてはならないことがある。それは、「孫の二乗の法則」の説明順序である。

本来ならば、最新版の文字盤「道天地将法→頂情略七闘→一流攻守群→智信仁勇厳→風林火山海」の順に従って進めるべきところであるが、本書では、孫が最初につくって長年自らの経営指針として使い馴染んだ「一流攻守群→道天地将法→智信仁勇厳→頂情略七闘→風林火山海」の順で述べていく。

最新版は、「理念、ビジョン、戦略、将の心得、戦術」という形で極めて論理的かつ体系的に並べ直されており、美しく素晴らしいものになっているのであるが、孫正義が創業からこれまで歩んできた苦闘の道がちぐはぐになり、理解しづらい。

これに対して、「一流攻守群→道天地将法→智信仁勇厳→頂情略七闘→風林火山海」の順のほうは、孫正義の「時系列」の足跡と平仄《ひょうそく》が合っていて、理解しやすく、「孫の二乗の法則」が無理なく、頭にじんわりと染《し》み込んでいく。

◆「その世界で絶対に日本一になってみせるぞ」

まず、「一」（一番に対する強いこだわり。何かをやるからには絶対一番になる。二番は敗北と同じ）について、孫はどのように実践してきたのだろうか。

アメリカ留学から帰国した孫正義は、西鉄天神大牟田線の大橋駅（福岡市南区）近くの個人事務所で、日本で何の商売をやるかを考えることに没頭した。**「自分が一生賭けてやる仕事は何なのか」**を、まず決めなくてはならないと考えたのだ。

この事務所を基地にして、孫正義はさまざまな人に会い、とにかく一生懸命に市場調査をした。多くの書籍を読み、各種の資料に目を通した。

しかし、市場調査をするといっても、個人ではなにかと不自由である。関係業者を調べるには名刺が必要だということもわかった。

日本は、今も昔も名刺と肩書がなければ相手に信用されにくい社会なのである。このため孫正義は昭和五十六年（一九八一年）三月、福岡市博多区に事務所を移し、そこで企画会社「株式会社ユニソン・ワールド」を設立している。アメリカで設立した会社と同じ社名だった。

しかし、このときは天下に向かって「名乗り」を上げるには至らなかった。仕事をもっと具体的に煮詰めるための準備の時間がもう少し必要だった。

孫正義は、惰性であるいは偶然で自分の人生を決めたくなかった。自分がきっちりと納得をしたうえで、自分の道を決めたかったという。納得のいく事業計画ができれば、すぐにでも着手する心構えはできていた。

「やるからには、その世界で絶対に日本一になってみせるぞ。大事なのは、どの土俵を選ぶかだ」

孫正義は、そう心のなかで自分自身に言い聞かせていた。

一度選んだ以上、その仕事によって何十年も戦わねばならない。その土俵選びのためなら一年かけても二年かけてもいいという覚悟で臨んでいた。

◆自分が納得できる仕事・事業をひたすらリサーチ

しかし、そうは思っていても、現実というのは厳しく苦しい。孫正義は毎朝、

「いってきます」

と言って家を出て、自動車を運転して事務所に出かけた。だが、収入は全然入らない。仕事といっても具体的なものは何も決まっていない。事務所を構えてはいても実際には失業状態だった。

それだけではない。妻があり、長女が生まれたばかりだったので、どうやって生計を立てたものかと不安は募《つの》る一方である。私が最初にインタビューしたとき、孫はその当時のことを振り返って、

「出口の見えないトンネルに入り込んでしまったような感じだった」

と言っていた。辛い、辛い毎日だったようである。

だからといって、収入を得られれば、どんな仕事でもいいというわけにはいかなかった。

「いざ事業をスタートさせたら、何年間かはそれにかかりっきりになる。もし成功

しなかったら、もう一度やり直すようなことになったら、かえって遠回りになってしまう」

と自分自身に言い聞かせて、自分が納得できる事業を求めてひたすらリサーチしていた。

◆「一番」を一度でも体験したら「勝ち癖」がつく

孫正義の「一番」へのこだわりはそうとうなものがある。「ソフトバンクアカデミア」開校式の講義のなかでも、次のように語っている。

「僕は、言っちゃ悪いけど、小学校一年ぐらいのときからほとんど一番しか経験してない。たいてい何をやっても一番しか経験してない。一番でないと気持ちが悪い。一番になれるように頑張る。自分を追い込む。腹をくくる。へこたれないということですね。やると決めたら、その分野でナンバーワンになる。何でもかんでもやると腹に決めたわけじゃないよ。音楽でナンバーワンになるなんて、俺は決めたことは一度もない。ちょっと音痴だからね（笑）。バレーボールでナンバーワンに

2006年３月、孫正義はボーダフォンの日本法人（現・ソフトバンクモバイル）を約２兆円で買収。ボーダフォンはずっと国内３位だったが、孫は「１カ月でいいから１回ナンバーワンを取る」と社員に宣言した。その後、同社は実際に１カ月の純増ナンバーワンを獲得。以来、ほとんどの月で純増ナンバーワンを達成している。孫の「一番に対する強いこだわり」は、万年３位の携帯電話会社を「常勝軍団」に変えた。写真左はボーダフォン日本法人のビル・モロー社長（当時）、右はヤフーの井上雅博社長　写真提供：共同通信社

なるとか、思ったことない。背が低いし。でも、自分がやれると、やれるはずだと思える分野では、絶対一番になると決めて。決めたら、とことんやり抜く」

最近の例でいえば、ソフトバンクが平成十八年（二〇〇六年）三月に買収した「ボーダフォン日本法人（現・ソフトバンクモバイル）」である。当時、ボーダフォンは常にＮＴＴドコモやａｕの後塵を拝しており、「一番」を経験したことがなかった。孫が当時の幹部と話をするとすぐに、「目が死んでいる」「自信を持ってない」「何をやってもダメという負け癖がついている」と感じたという。そこで孫は彼らにこう言った。

「一カ月でもいいから、一回必ず純増ナンバーワンを取るぞ」

累積ナンバーワンを取るのはさすがに時間がかかる。そこで一カ月で勝負をする。たとえ一カ月でも純増ナンバーワンを取れば、「何だと、一番になれるじゃないかと。一番になれるということを体験したら勝ち癖がつく」と、孫は考えた。

その結果どうなったか。

「一回、われわれが純増ナンバーワンを取ったら、ほとんど毎月それから純増ナンバーワンを続けているでしょ。ほんの何カ月か例外があったけど、それ以外は一番を取ってる。このポジションがホームポジションになると、一番でないと気が済まない、気持ちが悪いと、そういうふうになってくるんですね」

孫正義は前出の『プレジデント』(一九九七年一月号)の記事でも、「一番」になることのこだわりについて力説している。

「『一』は、私の最も基本的な考え方である『ナンバーワン主義』の思想を表現したものだ。ビジネスでは、一番以外はすべて敗北に等しい。

だから私は、一番になれない事業には、最初から手をつけない。負ける戦いはせず、必勝の構えをつくる。

ビジネスの現場における戦いは最後の仕上げであって、実際に火蓋が切られる前に、戦いの九割方は終わっていなければならない。

フォーメーションの段階で、『ああ、もうこれで勝てるな』という構えをやり終えているべきである」

◆三百年は安定して成長する会社を築き上げる

しかし、「一番になれない事業には、最初から手をつけない」と言うのは簡単だが、実際にそうした事業を見つけるのは生半可なことではない。

しかも孫正義は、自分が手がける事業は、永続的に継承されていくような事業でなくてはいけない、ましてや時の変化に流されて自然に不要とされてしまうような「一過性の事業」であってはならない、と考えていた。孫の目標は今も昔も、「三百年は安定して成長する会社を築き上げる」ことである。

ただ、事業の継承には大きなリスクがともなう。これを孫はバトンリレーをたとえにして説明している。走者が走っているあいだは抜いたり抜かれたりすることはあっても、バトンをしっかり握ってさえいれば落としたり転んだりという致命的な失敗を犯すことはまずない。ところが、バトンの受け渡しをする際には、選手が転んだりバトンを落としたりというハプニングが起こりやすい。順位を大きく落としてしまう危険＝リスクが大きいのである。

そうした観点から孫正義は、「すんなり継承され、しかもかなり長い年月にわたって、永続的に継承されていくに値する事業」は何かを考えた。

◆「流」の変化を見抜き、いち早く仕掛ける

ここで二文字目の「流」〈時代の流れに乗る。時代の流れに逆らわない〉が生きてくる。

当たり前だが、どんな企業も最初は小さなベンチャーだった。それは、いま超大企業となっているトヨタやパナソニックでも同じである。では、小さなベンチャーを巨大なグループ企業にまで成長させた経営者の共通点とは何か。それは**「時流を読み、これから大きく伸びる産業を見抜き、いち早く仕掛けた」**ということである。例を挙げよう。

- 小売流通革命—①三井高利〈越後屋＝三越の前身〉、②岡田卓也〈イオングループ＝旧ジャスコ〉、③鈴木敏文〈セブン‐イレブン〉
- 家電革命—①松下幸之助〈パナソニック〉、②井深大《まさる》・盛田昭夫〈ソニー〉
- 自動車革命—①豊田喜一郎〈トヨタ自動車〉、②鮎川義介《あいかわよしすけ》〈日産自動車〉、③本田

宗一郎（本田技研工業）

どの経営者も、そのときどきの「流」の変化を見抜き、いち早く仕掛けることで急成長を遂げた。孫正義は前出の『プレジデント』（一九九七年一月号）の記事で、**「もし今、松下幸之助氏や、本田宗一郎氏がいれば、彼らも我々と同じくデジタル情報産業を目指したであろう」**と語っている。

ソフトバンクを起業した当時の孫正義が見抜いた「流」は、もちろん「デジタル情報革命」である。

全産業のなかで「デジタル情報産業」が一番伸びている。たまたま今はスタートアップの時期で市場は小さいが、いずれは限りなく大きくなっていく。自動車産業よりも、食品産業よりも、あらゆる家電産業よりも、このデジタル情報産業が一番大きくなる——。

そんな孫の読みは、今日見事に現実のものとなっている。

◆「ニッチ＝隙間」狙いは絶対やらない

一般的に、ベンチャーが成功するためには、「ニッチを狙え」といわれる。

しかし、孫正義は「隙間《すきま》狙いは性に合わない」という。私がインタビューしたとき、その理由について孫はこう解説してくれた。

「私が創業時から常に思っていた、また言ってもいたことですが、ベンチャービジネス＝隙間産業だという見方がよく一般的になされます。私はそれを狙うつもりは最初からサラサラなかった。つまり、隙間産業というのはある程度大きくなろうとしていく過程で、その隙間というのは埋められてしまう。要するに儲かりそうだというと、パッと競合者が出て来たりする。何か別の要素で隙間は結局埋められる。隙間がある時期というのは限られた時期で、限られた範囲でしかないのです。私が狙っているのは隙間ではない。ストライクゾーンで言えば、ど真ん中の、さらにど真ん中を私は狙っているつもりです」

また、「ソフトバンクアカデミア」開校式の講義でも次のように語っている。

「ニッチの、隙間だから、そこでやればチャンスありと思ったことは一瞬すらない。そうではなくて、いまその産業、そのセグメントが小さくても、隙間のような小さなセグメントでも、五年後、十年後、三十年後にそこがメインになると。それを常に選んできた。(中略)一時的に隙間で成功しても一時的な成功でしかないと。そういう浮き草を追うような、それは事業家と言わない。単なる流行りの追っかけ屋さん、早とちりと、そういうことですね。あるいは、将来メインになるところで戦うのが怖くて、勝てる自信がなくて、隙間を選んだと。それではしょせん、負け犬、吠え犬。大きな将来の成功は望めないということですね」

◆雨か晴れかで一喜一憂するような商売はやらない

また孫は、外部条件の変化に翻弄されない事業を選ぶ必要性も感じていた。

孫正義の父親はパチンコ店を営んでいた。その父親がいつも、

「今日は雨が降ったからお客さんが少ない」

「明日はお天気だろうから、きっとうまくいくに違いない」

などと言っていたという。父のこうした言葉を子供のころから聞いて育った孫正義は、

「たった一日の雨か晴れかで一喜一憂する。これは経営としてはよくない。天気な

どの外部条件に左右される商売はやらない」

と痛感したようである。

ただ、デジタル情報産業の技術革新、すなわち外部条件の変化は急速である。流《は》行《や》り廃《すた》りも早く、爆発的なヒット商品が生まれても商品寿命は極めて短い。しかし孫正義は、そういった新商品の開発に目まぐるしく追いまくられるような部分には深入りしたくない、と心に固く決めていた。

そこで孫正義は、「当たり外れの大きな一製品に頼るようなことはしない。流行り廃りの少ないインフラを提供する会社にしたい」という結論に達したのである。

インフラというのは、その言葉の定義にあるように、社会基盤、産業基盤であり、どちらかというと土台になるところである。従来型の産業社会の交通網にたとえるなら、一般道路や高速道路に相当する。高速道路では設置者が料金所でドライバーから料金を徴収している。孫は「インフラを提供することで、デジタル情報産業の料金所になろう」と考えたに違いない。そうすれば、その時々のヒット商品はソフトバンクが握るインフラに依存せざるを得なくなり、ソフトバンク自体は安定して成長していけるからだ。

◆「九つの条件」でふるいをかけ新事業を絞る

こうした考えをベースに、孫は一年半ものあいだ、事業を何にするかを模索し続ける。何かのアイデアを思いつき、事業計画を立てるたびに、「九つの条件」にあてはめてふるいにかけた。「九つの条件」とは次のようなものだった。

〈条件一〉事業はいったん手がけると途中でやめるわけにはいかない。ゆえに継続し得る事業であること。

〈条件二〉当然、儲かる商売・事業であること。

〈条件三〉伸びる産業分野であること。産業の構造そのものが不況、斜陽になる業種であってはいけない。

〈条件四〉将来、企業グループをつくることを前提とし、その核となり得る事業であること。

〈条件五〉人が真似できない事業であること。

〈条件六〉大きな投下資本を必要としない事業であること。
〈条件七〉世の中の役に立つ事業、社会の発展に貢献できる事業であること。
〈条件八〉自分が面白く取り組める事業であること。
〈条件九〉やる以上、その分野で絶対に一番の企業になること。一番にならないのなら、それに手をつけない。

しらみ潰しに調べた結果、パソコンのパッケージ・ソフトウエアの卸売業に絞られてきた。すべての条件を満たしているのはこの事業だけだった。孫正義は、出口の見えないトンネルの先に、ようやく光明を見出したのである。

孫正義は帰国以来、市場調査の期間中に雇っていた二人のアルバイト社員を引き続き雇い入れて、事業を開始した。これが、パソコンパッケージ・ソフトウエアの卸売業としての「日本ソフトバンク」(現・ソフトバンク)の事実上の創業となった。

机を二つ置いただけという、現在の〝世界のソフトバンク〟からすると想像だにできない貧弱そのものの姿でのスタートだった。

◆「日本ソフトバンク」を設立する

孫正義は、昭和五十六年（一九八一年）九月、「日本ソフトバンク」（資本金一千万円）を設立し、パソコンのパッケージ・ソフトウエアの卸売業を創業した。

福岡のセミナーで知り合った人たちのなかに、東京・市ヶ谷の日本テレビ通りの一角に「株式会社経営総合研究所」をつくった者がいた。孫正義は、この会社と五〇％ずつ出資して、新しい会社を立ち上げたのである。

本社は、経営総合研究所の一室に机を二つ置くだけの間借りだった。代表取締役には孫正義が就任した。

その当時、日本全国にはパソコンソフトの制作会社が約五十あった。しかし、パソコン用ソフトウエアの流通ビジネス、つまり、「卸売業」は日本にはまだなかった。ソフトウエア開発の世界は、当たり外れがものすごく激しい。その分野に手を出すのは危険である。それよりも、世の中の多くの人たちがつくり出すソフトを流通させ、それを評価する、そんなインフラを提供してはどうか。そうすれば永続性のある事業ができるはずだ。これなら「負け戦《いくさ》」をしないですむ。パソコンのソフトウエアの流通＝卸売業は安全で確実、それでいて成長度が高い。孫正義は、「メーカーと小売店を仲介する本格的な卸売業はまだ日本にない。これは、いける」

と直感し、身震いがする思いだったに違いない。

◆何をするにしても必要な「お足」をいかに調達するか

ソフトバンク設立以来、孫正義は「攻め」の連続により、今日の地位を築いてきた。そこで三文字目の「攻」〈営業力、技術力といった攻撃力〉に関しては、本書のさまざまな部分で登場するので、その都度紹介、解説することにする。

では、**「守」**〈守備力。さまざまなリスクへの対応力〉という文字については、どのように実践してきたのだろうか。

孫正義は、この字に関して「リスクマネジメント」という事業経営者ならではの実践的な定義を下している。なかでも孫は「キャッシュフロー経営＝資金繰り」が最重要だという。これは、孫正義自身が、資金繰りにいかに苦労し、心血を注いできたかを物語っている。

アントレプレナー（起業家）を志す者にとって、最大の悩みは資金である。タダでは事業を起こすことはできない。何の商売をするにも元手が必要なのである。**費用というのは実は、事業を起こそうと決意したときからかかり始める。**事業計画や企画を実現するための準備段階から費用が発生してくる。このことをしっかり念頭におく必要がある。

たとえば、会合費一つとってもタダというわけにはいかない。友人や知人の厚意によりビルの一室や会社の会議室を無料で借りることができたとしても、いつも番茶だけですませられないだろう。コーヒーや紅茶、ジュースなどを喫茶店からとる。場合によっては、弁当を用意したほうがいい場合もある。どこかへ資料やデータを調べにいくにも交通費がかかる。

お金のことを「お足」と言うけれど、文字通り「お金」がなければどうしようもないのである。人が集まったり、動いたりするには必ず「お足」がかかる。くれぐれも足を出さないようにソロバンをしっかりはじいておくことを忘れるべきではない。資料代や書籍代、コピー代にしても馬鹿にならない。

事業資金を調達する方法は、大ざっぱに分けて七つある。一つは自己資金である。二つ目は親兄弟など身内からの借金、三つ目は知人、友人からの借金、四つ目は土地・建物の不動産を担保に銀行や公的機関（日本政策金融公庫や商工中金）などからの融資、五つ目は親兄弟など身内からの出資、いわゆる投資、六つ目は知人、友人からの出資（投資）である。

さらに七つ目として、株式会社の場合、証券市場からの資金調達という方法もある。まずは新興市場に上場し、株式会社として実力がついてくると、二部市場への上場、さらに一部市場への上場の道が開けてくる。そうなると転換社債の発行、あるいは第三者割当増資はもちろん、海外から資金調達することも可能になってくる。このように株式会社の場合、成長して実力がどんどんついてくれば、資金調達の手段も増えてくる。それはまさに「出世魚《しゅっせうお》」を見ているような感さえある。

◆創業当初から「いずれ一兆、二兆のビジネスをやる」と宣言

孫正義の場合も、ソフトバンクを創業してからこれまでの足跡を振り返ってみると、「出世魚」の川上りをきちんとたどってきていることに気づく。しかし孫正義が並みの事業家と違うところは二つある。

その一つは、事業を進めるに当たって、二百万円や三百万円程度の少額の資金づくりには満足してこなかったという点である。

孫正義はどんな局面あるいは段階においても、「億単位」の資金づくりに勇猛果敢に挑戦し、成功してきている。それが「天才事業家」といわれる所以でもある。

創業当初から「いずれ一兆、二兆のビジネスをやる」と、一丁二丁の商売をしている豆腐屋になぞらえてユーモア混じりに熱弁をふるってきた。

「大言壮語《たいげんそうご》」「大風呂敷《おおぶろしき》」と陰口を叩かれながらも、孫正義は「一兆、二兆のビジネス」を目指して、急スピードでビッグ・ビジネスを実現してきた。「有言実行」を果たしてきたともいえる。

事業展開にとってもっとも大事なエネルギー源である「資金調達」という角度か

ら孫正義の歩みを振り返ると、孫正義はそれぞれの段階で自らの実力を測りながら、各段階でもっともふさわしい資金調達の方法を駆使してきていることが見えてくる。

◆学生時代の「発明」で一億円を手にする

第一段階の創業準備期は、自己資金づくりに精力を費やしている。

孫正義は、アメリカに留学しているときからすでに、事業家を志していた。凡人であれば、せいぜい小遣い稼ぎのためのアルバイトに精を出しているときである。しかし、アルバイトに専念していたのでは、学生の本分である勉強に身が入らない。だからといって、親兄弟に協力を頼むわけにはいかなかった。当然、自分名義の不動産など持っていようはずもなかった。そうなると、どうしても自力で資金を調達しなくてはならない。

そこで孫正義の考えついた方法は、**小遣い稼ぎではなく、資金づくりの手段としての「発明」**である。発明をして新製品の特許を売り、特許料を元手に事業に着手することであった。その努力の結晶が「音声装置付き多国語翻訳機」の発明（一七九ページ参照）であったわけだが、シャープに買ってもらい約一億円を手にした。

孫正義にとって「発明」とは、ズバリ資金づくりだったのである。発明のための発明ではなかった。孫正義の資金調達は「億単位」からスタートしたのである。


余談だが、創業準備段階で用いた資金調達のパターンは、孫流ビジネスの思考方法の原形をなしている。つまり、あくまでも**「アイデアを売る」ことこそ、孫正義のビジネスの本質であり、本業**なのである。

発明のアイデアを練ることは、孫の頭のなかでできる作業であり、コスト的にはタダに近い。一方、試作品をつくる段階で発生する費用は、特許料のなかから支払うというきわめて利口なやり方をした。多国語翻訳機の試作品づくりに協力してくれたバークレー校の教授や研究者たちには「成功報酬」という形でギャランティを払うことにして、いわば支払いを先に延ばしたのだ。その結果、孫は事実上、元手なしで、自分の考えたアイデアを大金に変えることができたのである。

孫正義は、このときから天才ともいえる商才を発揮し始めている。孫正義は発明家であると同時に優れた商人の素質を持っていたのである。

◆資金調達面での危険を巧妙に回避してきた

並みの事業家と違う二つ目は、ベンチャー型企業の事業家が研究開発に夢中になるあまり、往々にして陥りがちな資金調達面での危険（リスク）を巧妙に回避（ヘッジ）してきた点だ。

ベンチャービジネスの経営者は、冒険心に溢れているので、とかく「それ行け、ドンドン」とがむしゃらに突っ走る傾向がある。浮き足立ち、爪先立って走っていると、足をすくわれて、転倒するか、落とし穴に落ちてしまう危険に晒《さら》される。そこでよほど上手に投資のハンドルを操作していかなければ、またたく間に、自分自身を失い、経営破綻に落ち込んでしまう。この結果、融資先からの返済要求に耐えられず、ビルの屋上や橋の上からの飛び下り自殺に至る危険さえある。

聡明なベンチャー型企業の事業展開と資金調達との関係を分析してみると、七つの段階に分けることができる。

第一段階は創業準備期、第二段階はスタートアップ期、第三段階は急成長期、第四段階は成長前期、第五段階は成長後期、第六段階は発展期、第七段階は完成期である。

研究開発型中小企業ないしベンチャービジネスは、研究開発に企業努力の中心を置いている。そのためには研究開発資金あるいは、その後の成長のための資金を必要とする。

第一段階の「スタートアップ以前の研究、開発期」においては、たいてい自己資金などを利用することになる。

それに対し、第二段階のスタートアップ期、その後の第三段階の急成長期から第四段階の成長前期、第五段階の成長後期のリスキー成長の段階においては、資金の需給ギャップが生じやすい。すなわち、リスキーであるばかりでなく、土地、建物などの物的担保に欠けるため、銀行から融資を受けることができない。

その一方で、企業の資金需要は急速に拡大する。こうして生じる資金の需給ギャップを埋めることに、ベンチャー経営者は苦心するのである。

◆孫正義は銀行から融資を受ける名人

「担保主義」という言葉があるように、日本では不動産や株式といった物的担保がなければ、都市銀行や地方銀行あるいは信用金庫などから融資を引き出すのはかなり難しい。一般的には、事業プランだけを持って窓口を訪れて、いかに熱心に説明しても、融資の決定を得ることは期待できない。

近年は、なんとかベンチャー企業を育成したい政府や自治体がさまざまな助成金を用意しているが、孫正義が日本ソフトバンクをスタートさせたころにはこのようなものはなかった。ましてや、パソコンソフトの卸売業といった、まだ海のものとも山のものともわからない事業に対して、お堅い銀行が担保もなしに融資を決定してくれることは不可能に近かった。

しかし、孫正義はこの不可能にあえて挑戦していったのである。全身でぶつかっていった先が第一勧業銀行（現・みずほ銀行）麴町支店だった。昭和五十七年（一九八二年）のことである。

これをきっかけに孫正義は、銀行から融資を受ける名人となる。

◆「最優遇貸出金利で一億円貸してください」

創業して二、三カ月経ったころの孫正義にとって、最大の悩みは資金だった。月商は二百万円くらいで、大手の企業から二千万円の注文をとったものの仕入れを行なうカネがなかった。そこで、孫正義は第一勧業銀行麴町支店を訪れ、頼んだ。

「預金するお金はないが、融資は受けたい。一億円です。ただ、担保はないし、僕は事業を始めたばかりだから実績もない。信用もない。僕の方針として保証人も立てたくない。何にもないけれども、プライムレート（最優遇貸出金利）で一億円貸してください。返済しきれないから、金利が高いのは嫌です」

孫正義は、まだ二十四歳だった。自分の息子くらいの若い経営者を前にして、御器谷正之支店長は吹き出してしまった。それでも孫正義は続けた。

「私が持っているものは限りない情熱であり、私が狙っている分野は世の中が必要としている分野だから、おそらく需要はあると思う。しかし証明はできない」

このころ、御器谷はパソコンやソフトウエアに関する知識をほとんど持ち合わせていなかった。けれども、孫正義が話す事業内容の説明は理路整然として非常にわかりやすい。次第に興味を抱き始め、直観的に「これはいける」と感じたという。一時間くらい話した。

支店長の判断で二千万円ほどの融資は可能だった。しかし、一億円となると本店の審査部を通さなければならない。

孫正義が帰った後、御器谷支店長は、第一勧業銀行の大阪支店と難波支店に電話をかけた。上新電機とシャープに当たってもらうためである。

御器谷は、かつて大阪支店に勤務したことがあった。上新電機の浄弘《じょうぐ》博光社長から難波支店長に返事があった。

「前向きにビジネスをやっていくつもりだ」

また、シャープの佐々木正《ただし》専務からも、大阪支店の融資担当次長に直接電話があり、伝えられた。

「孫さんのことならばよく知っている。人物もしっかりしている。第一勧銀さんのほうで面倒見てやれるのなら、ぜひともお願いしたい」

小口の融資案件を審査する本部の企業部は早速、御器谷支店長を含めて検討した。審査の結果、判断項目は合計マイナス十五点だった。

しかし、御器谷が「将来性」の項目で十五点をつけたので、結局プラスマイナス〇点になり、最終的に融資が決まった。わずか一週間後、第一勧銀は日本ソフトバンクに当時のプライムレートで一億円融資したのである。

日本ソフトバンクはその直後に出版事業に乗り出している。第一勧銀から融資を受けた一億円の一部を投入したのである。これが、日本ソフトバンク急成長の跳躍台になった。

こうした経験を踏んで、孫正義は銀行から融資を受ける名人に成長していった。しかし、だからといって銀行がやすやすと融資を決定するわけではない。このため孫正義はありとあらゆる手段を駆使し、巧みな弁舌を使い、銀行マンの心を揺さぶって融資を引き出す努力を重ねてきた。

◆野村證券の北尾吉孝を右腕としてヘッドハント

企業というのは成長期に入り、銀行からの融資を受けられるようになると、次に目指すのは株式の公開である。

そのころ株式市場では、ベンチャー企業向けに「特設市場」が設けられており、登録することによって市場から資金を調達しやすくなっていた。

しかし、もっと実力のついている企業であれば、まず株式の店頭公開に取り組むことになる。株式の店頭公開によって、企業は「会社の知名度、社会的信用が高まる」「資金調達が得られる」「営業活動がしやすくなる」などの大きなメリットを受けることができる。企業が社会の重要な一員として認められるためには、最適の手段なのである。

孫正義もソフトバンクの株式の店頭公開を決意し、平成六年（一九九四年）七月、それを果たしている。公募価格一万千円に対して一万八千九百円の初値がつき、孫正義自身は自社株の約七割、評価額二千億円相当を保有することになった。この株式店頭公開がキッカケになり、孫正義はマスコミなどから「日本のビル・ゲイツ」と呼ばれて世の注目を集めるようになったのである。

また孫正義は、買収に歩調を合わせて、資金を社債の発行や公募という形で市場から吸い上げている。この証券市場をフルに活用した資金調達については、孫正義の参謀役ともいえる北尾吉孝（現・SBIホールディングスCEO）が担当した。

孫正義は店頭公開を果たすやいなや、ジフ・デイビス社の出版部門の買収戦略を打ち出した。その直後、孫正義は、北尾吉孝に直接スカウトの話をしている。平成七年（一九九五年）四月半ばである。孫正義はこう言った。

「チーフ・フィナンシャル・オフィサーとして来てほしい」

孫正義は平成六年七月、ソフトバンクの店頭公開に際し、野村證券側の担当者だった北尾吉孝と出会った。野村證券は、ソフトバンクが店頭公開したときの主幹事であり、北尾吉孝が店頭公開の手続きを行なった。その力量に惚れ込んだのだ。

突然のスカウト話に一瞬面食らった北尾吉孝は、孫正義に関する新聞記事や雑誌記事を読みまくった。その結果、孫の情熱と科学的な経営戦略に心を打たれ、

「この人とやってみよう」

と心に決めた。以来、北尾吉孝は、野村證券時代のロンドンとニューヨーク勤務の経験を生かし、ソフトバンクの資金調達のために経理・財務部門のすべてを総括し、全力投球をする。

ジフ・デイビス社の出版部門買収にいよいよ乗り出そうとしたとき、孫正義は北尾吉孝に聞いた。

「北ちゃん、いけるか？」

北尾吉孝は、太鼓判《たいこばん》を押した。

「いける。社長、いきましょう。大丈夫」

この力強いひと言で孫正義は買収資金約二千百億円の調達を決めた。

企業買収と市場を通じて資金調達の流れを見てみると、北尾吉孝が取り組んだ資金調達の実績は、以下のようになっている。

■Ｆ・テクノロジー	九四年九月	三十億円
■ジフ展示会部門	九四年十二月	二百億円
■社債（ＳＢ）	九五年二月	百億円
■公募	九五年三月	百九十四億円
■インターフェース	九五年四月	八百億円
■社債（ＳＢ）	九五年九月	五百億円

■公募　九五年十一月　六百九十三億円
■転換社債　九六年一月　七百億円
■ジフ出版部門　九六年二月　二千百億円
■キングストン　九六年八月　千六百二十八億円

まさに、すさまじい限りの資金調達力である。北尾吉孝が野村證券で培った資金調達の実績とノウハウが、ソフトバンクで全面的に開花したような感さえある。

◆「群戦略」でリスクを分散する

三段目の最後の文字は「群」（群戦略。同じ志をもった優秀な人物や会社と組み、「リスク・ヘッジ」をしていく）である。

これは、単一の製品や一つのビジネスラインで抜きん出るのでなく、ビジネスラインや組織を複数の群れとして持つことに重きを置く「群戦略」を意味する。

孫は前出の『プレジデント』（一九九七年一月号）の記事でこう語っている。

「もちろん、単品経営の効率は高く、間違いなくＲＯＩ（総資本対経常利益率）を上げるには、最も手っ取り早い方法ではある。弱者の立場で事業をスタートアップしたばかりのときは、一つのビジネスラインにフォーカスし、兵力を集中させたほうがベターだ。

だが、ある企業規模なり事業の次元を超えてなお、そういう手法を採るべきではない。陣形を構え、整えるべき経営者として、事業の一つの構成要素が市場環境や状況の変化で一変すれば総崩れになりかねない。危険を座して待つことは、愚かでもあるからだ。

だから、私は群戦略を採る。常に複数のビジネスラインを持ち、しかも、それが相乗効果を持てるような陣形をつくり上げる。ビジネスラインが一つこけても、他のラインで十分にカバーし、本体は絶対に倒れないというリスク分散のための準備を常にしておきたいのだ」

たとえば、本業の周りに三つ四つ、あるいは五つ六つの関連事業を「浮き袋」のようにぶら下げていると、本業が行き詰まるとか、関連事業のどれかが失敗しても、そのほかの事業がうまくいっていれば、それが「浮き袋」の役割を演じてくれて、助かることができる。逆に、本業一つだけで経営を行なうのは「沈没」したとき、全滅の恐れがあり、危険である。これを未然に防ぐのが、「群戦略」である。

ただし、「群戦略」といっても、不慣れの新規事業に手を出して、ビジネスを拡大すると、そこからも新たな危険が生まれることもあるので、本業とは無関係の事業に踏み出すのは、よほど気をつけなくてはならない。

◆三十年以内にグループ企業を五千社に

平成九年（一九九七年）三月二十四日付の『日経産業新聞』のインタビュー記事で、孫正義は次のように語っている。

「ソフトバンクは出資比率二〇％以上の関連会社が五十社から六十社、二〇％未満の関係会社を含めれば百社。九七年三月期の連結決算では売上高三千四百億円に上る規模まで拡大しています。五年から十年先にはグループ全体で一千社にふくらんでいるでしょう」

ソフトバンクのグループ企業数

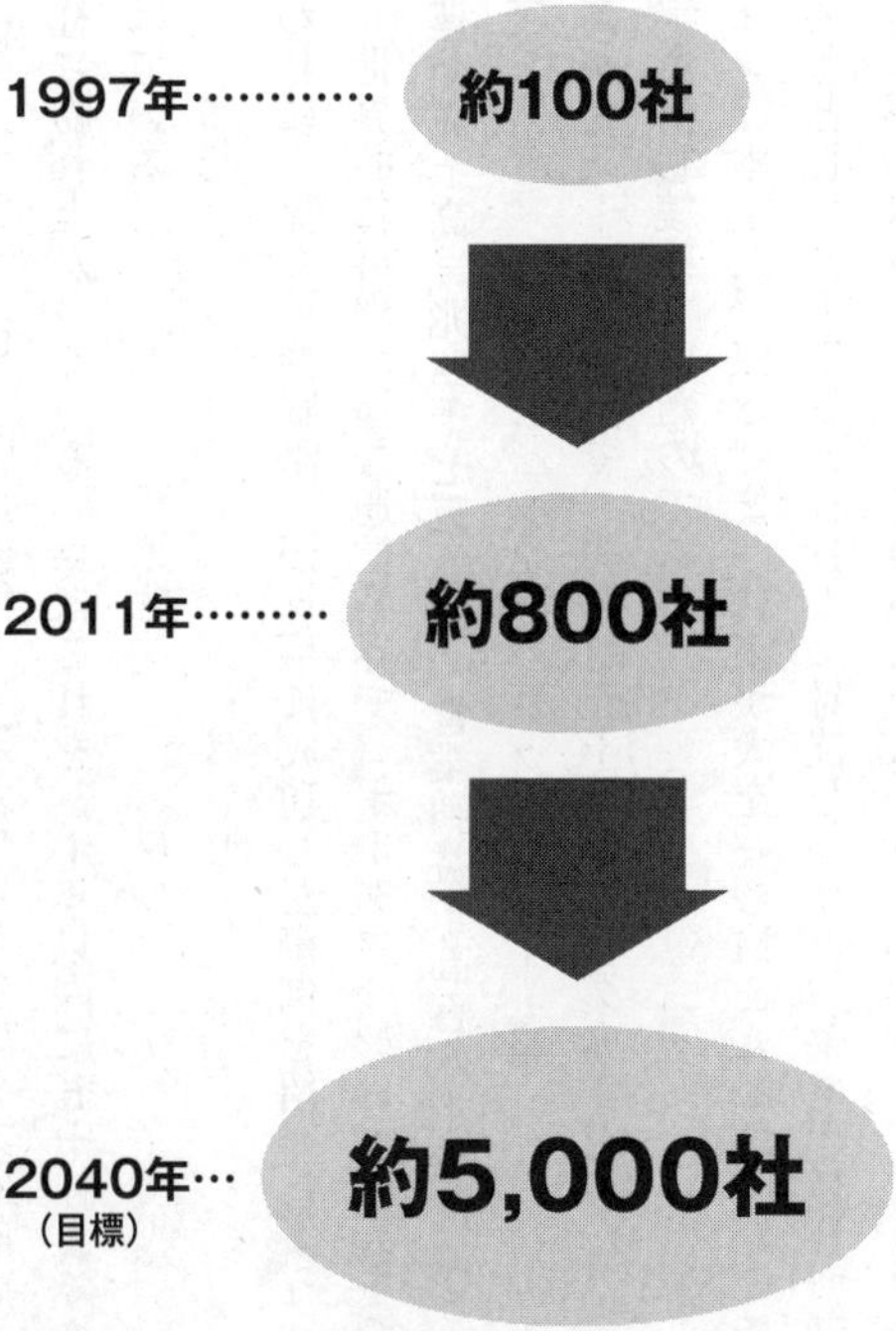

SoftBank

平成二十三年（二〇一一年）四月現在、ソフトバンクグループ企業は前述したように約八百社に膨れ上がっている。孫はこれを三十年以内に五千社まで増やすことを目標に掲げている。

本章の終わりに、孫の「群戦略」が見事に成功した事例を紹介しよう。

孫正義は、世界的に再編が進む通信業界で、ボーダフォン日本法人を約二兆円で買収した。連結売上高一兆四千七百億円、営業利益千五百八十億円（ともに平成十六年度）のボーダフォンに対し、ソフトバンクは平成十七年（二〇〇五年）三月期の連結売上高が約八千四百億円で、約二百五十億円の営業赤字だった。それまで数百億円の赤字を出し続けていたのである。

ボーダフォン日本法人買収は、まさに小が大を呑むM&Aであった。そのころ通信インフラ業者としてNTTやKDDIに対抗しようと、ヤフーBBで巨額投資を行ない、固定電話の日本テレコムを買収したばかりであった。

ソフトバンクは平成十七年十一月、総務省から一・七ギガヘルツ帯での参入を認められていた。基地局を自前で整備、それも設備業者とリース契約を結ぶことで投資を極力抑え、黒字基調を維持しつつ、緩やかに携帯電話事業に進出した。一方、ＮＴＴドコモやＫＤＤＩのａｕに遅れを取ったボーダフォンは、第三世代携帯への転換もスムーズにいっていなかった。このためボーダフォンは世界戦略の見直しで日本撤退を示唆。これに敏感に反応したのが勝負師・孫正義だった。苦労して取得した免許を生かそうと挑戦を決断し、二兆円買収に打って出たのだ。

その少し前には、ＡＤＳＬを用いた高速ネットワーク通信の「ナンバーワン企業」となるために、ソフトバンクはパラソル隊を使ってモデムを無料配布する戦略で五百万を超える契約数を確保し、念願を叶えている。平成十七年三月期まで数百億円の赤字を補塡《ほてん》したのは、ヤフー株の含み益の吐き出しであり、傘下企業からもたらされる上場益だった。

第4章

「道天地将法」の実践と応用

「百の知識」よりも「一の信念」

道	天	地	将	法
頂	情	略	七	闘
一	流	攻	守	群
智	信	仁	勇	厳
風	林	火	山	海

◆大義名分がなければ、人の心を奮い立たせることはできない

本章では、最上段の**「道天地将法」**について、孫正義がどう実践してきたかを見ていこう。

孫正義が最重要と断言しているのが、**「道」**（理念、志）である。

ここで注意しておかなければならないのは、『孫子』でいう「道」とは、儒教が説くような「道徳・倫理」ではないということだ。「孫子の兵法」は「戦」のマニュアルであるから、将兵を奮い立たせるものがなくてはならない。それが「大義名分」（理念）である。大義名分がなければ、挙国一致の体制はとれない。

事業においても好業績を上げるためには、やはり経営トップと社員が心を一つにし、一丸となって生産・販売活動を行なうことが重要である。

ビジネス戦争で勝利するためには、勝利に対する熱烈な信念の下に部下たちを戦場に向かわせ、自らも万難を排してこの信念を貫かねばならない。戦略戦術が巧みであるか拙劣《せつれつ》であるかということよりも、このことのほうがはるかに重大な意義を

持っているのである。

「百の知識よりも、一の信念」である。ビジネス戦争においては、一の信念は、百の知識にはるかに勝り、効果が高い。勝つか負けるかの命を賭けるビジネス戦争では、一つの事業を遂行する力を与えるのは信念であり、知識ではない。

このことがよくわかっているからこそ、孫正義はソフトバンクグループにとっての「道＝情報革命で人々を幸せにすること」をたびたび口にし、この「信念」をグループ社員のあいだに浸透させようとしているのだ。

また、この理念、**志というのは、企業にだけ必要なものではない。個人においても「大義名分」をもって頑張っている人の周りには、自然と優秀な才能や協力者が集まってくる**ものだ。「百の知識よりも、一の信念」というのは個人にもいえることなのである。

◆「桃太郎」に学ぶ〈志、ビジョン、戦略〉の立て方

「経営トップが、リーダーシップを発揮するに当たり、備えておかなくてはならない重要なものが三つあります。それは、〈志・ビジョン・戦略〉です。しかも、これには重要さに順序があります。それは〈志、ビジョン、戦略〉の順です」

「経営者にとって絶対に必要なものは何か」という私の質問に対しての、孫正義の言葉である。続けて孫は次のようなたとえ話で、この〈志・ビジョン・戦略〉について説明をしてくれた。

「まず最初に挙げられるのが〈志〉です。自分たちの群れは、寄って集《たか》って、いったい何を成すのか。何のためにやるのか、それが人々にどう役に立つのか。高い志を持つ。これがまず一番重要なことです。

桃太郎が鬼ケ島に行って鬼退治する民話をたとえ話でするならば、別に怖い思いをして鬼のところまで行かなくてもいい。単に吉備団子《きびだんご》を分け合うだけなら、団子づくりばかりやっていれば、生産性がもっと上がるかもしれない。しかし、それで

は人々は燃えない。おまけの吉備団子がもらえる。だが、何のために行くのか。村人が鬼にやっつけられて、若しめられて大変悲しい思いをしているからだ。鬼を退治して村人を救わなければいけない」

「二番目に重要なのは〈ビジョン〉です。桃太郎なら、その鬼はどこにいるのか。東の山にいるらしい。鬼は何か金棒を持っていて、村人から奪った金銀財宝をいっぱい貯めているらしい。どこにいて、どういう姿で、どういうふうにしているのか。それをやっつけたら、ごまんと褒美を持って帰れるというビジョンを描かなければいけない」

「三番目に〈戦略〉です。その鬼たちをどうやってやっつけるのか。そのために、猿を呼んでくる。雉《きじ》を呼んでくる。犬を呼んでくる。空からやっつけて、嚙みついてやっつけて、引っ掻いてやっつけて、そしてその道具として石ころを持っていくとか、棒きれを持っていくとか、何かそういうようなものをいろいろと掻き集めてやるんだと、こういう役割分担と戦略を立てなければいけない」

孫正義は、子供のころから桃太郎の話が大好きだったといい、たとえ話が面白い。

「桃太郎が『村人を救わなければならない』と、滔々《とうとう》と語ってみせて、そこで『吉備団子があるよ。美味しいよ。食べない?』と言う。そうすると犬が、『ワン』と吠えてついてくる。雉が『ギャー』と鳴いてついてくる、猿が『キャッキャッ』と言ってついてくる。志を共にし、一緒に一丸となって『やっつけるぞ』と吠えながら、またパクパク食べながら前進してついてくる。鬼をやっつけたら今度は宝の山をパーッと持って帰って、村人に分けてあげるということになります。本当に単純な、分かりやすい、五歳の子供ですらわかる理屈が、なんでわからないのか。世の政治家よ、世の経営者よ、世の教育者よ、と言いたい」

ちなみに、二番目の「ビジョン」については「頂情略七闘」の章(第6章)で、三番目の「戦略」については「一流攻守群」の章(第3章)で、それぞれ詳しく解説している。

◆コンピュータの世界に「天命」を感じた瞬間

一つ進んで、次の文字である「天」〈天の時、タイミング。どんなに才能を持っている人でも、生まれた時期が悪くては成功できない〉について述べよう。

何事かを成し遂げようと志を立てて、大義名分＝理念を確立しても、すぐに行動に移せるものではない。孫正義は、「将来、事業家になろう」と志を立てて、未来の自分の姿を思い描き、うっとりしていても、具体的に何をもって、事業家になるかをつかんだわけではなかった。

ところが、苦悶しているとき、天から雷が落ちてきたような大きな衝撃を受けた。そして、一条の光を感じたのである。

それはアメリカ留学中のことだった。アメリカに移住してきた難民に間違えられるほどの困窮した生活のなかで、孫正義はワンチップ・マイクロコンピュータに出会う。そして、一気にコンピュータの魅力にとりつかれた。

たまたま買った科学雑誌『ポピュラー・エレクトロニクス』誌に、インテルのコンピュータチップ（五ミリ角のＩＣチップ＝ＩＣで構成された半導体の小片）の拡大写真が載っていた。それは、虹色に輝いた美しい写真であった。

その写真を見た瞬間の感動を、南部靖之《なんぶやすゆき》パソナグループ代表主宰の起業家養成・支援シンポジウムで行なわれた講話のなかで、孫正義は次のように語っている。

「何か自分でやりたいということ、何か面白い人生を過ごしたいということが潜在的にあったわけです。アメリカに行ってみて、その学生時代、たまたまコンピュータチップの拡大写真をサイエンスマガジンで見ました。

その写真の美しさ不思議さに感銘を受け、本当に両手両足の二十本の指がジーンとしびれてしまった。長いこと正座をしていたら、足の指がしびれてしまう。あれと同じようにジーンとしびれて感覚がなくなってしまいました。

ちょうどまさにあの感じが本当に物理的にしたのです。おそらく精神的なものだけでなくて、物理的にしたんだと、いまでも覚えています。不思議ですが、本当に汗が出てきました。汗だけでなく、実は涙まで出てしまいました。

人類が初めて人類を超える可能性を持った知的な物質といいますか、生物といいますか、そういうものをついに創り出してしまった。

自分はその歴史の見事なクロスオーバーのタイミングに生まれたのだ。地球ができて四十億年だか四十六億年だか、最初の生物が生まれて四十億年、そのなかでまさにクロスオーバーの年に自分はいまここにいるのだということの感動、その感動がいつの間にか私をコンピュータの分野に引きずり込みまして、ついにはその感動が仕事にまで引きずり込んでしまった。

これが、私が現在の会社を始めることに至った一番大きなきっかけです。私の人年の転機としてアメリカに行って、そしてさらに現在の会社を始めるに至ったきっかけです」

◆ビル・ゲイツも同じ写真を見て衝撃を受けていた

こういうチップが量産されるようになれば、ただちにコンピュータを個人で使える時代がくる。さらに進めば人間を超える知的生物を生み出すことだってできると、ピーンとヒラメキが脳裏に走った。直感したのである。ものすごい衝撃と興奮を覚えた孫正義は、心密かに決めた。

「コンピュータの世界に進もう。事業家として進むべき道はコンピュータの世界だ」

孫正義が「天」を感じた瞬間だった。

それは黒船を見た幕末の若者たちが、わけもわからずに「何かしなきゃいけない」と気持ちを高ぶらせたのに似ている。

このとき以来、孫正義は約半年間、この写真を透明の下敷きに挟んで常に持ち歩き、夜は夜でそれを枕元に置いて寝たという。

後でわかるのだが、天才と言われるマイクロソフト社のビル・ゲイツから、「同じときに『ポピュラー・エレクトロニクス』誌を見て、興奮を禁じえなかった」

と聞かされ、自分の直感が間違いなかったことを再確認している。孫正義は生まれながらの鋭い感性に恵まれていた。

脳のなかでも創造性をつかさどる前頭葉は、脳が情報をたっぷり吸い込んだところで十分に働く。第六感の働きであるヒラメキは、情報によって誘発され感動を湧き起こす。それには常日頃アンテナを張り、超一級の情報をキャッチできる鋭い感性を磨いておかなくてはならないのである。

◆これからは「アジア」がデジタル情報革命の中心地となる

三番目の文字「地」（地の利）は、事業の拠点をどこに置くかに関わり、ビジネスを成功させるうえで極めて重要である。

『孫子』の「第十 地形篇」は、「地形を掌握し、部下の統率に意を用いよ」と説いている。地形の変化に応じて、利用することが必要であり、これを知ることが勝敗を決する。兵の強弱だけで戦いの勝敗は決し難く、地形の有利不利によって勝敗に関係する場合が少なくない。

商売でも、ただ単に店舗を構えただけでは、容易に顧客は来てはくれない。綿密な考慮が必要である。店舗を構えるにしても、地の利を擁したうえで、顧客を誘引する方法を考えなければ繁栄は望み難く、メーカーも原料や製品の運搬需給に便利な場所を選び、努めて生産費の低減を図らなければならない。

孫正義は近年、「デジタル情報革命の中心は、インターネットの発祥国であるア

メリカからアジアに移行する」と予測し、アジア重視の経営戦略に力を入れている。第2章でも紹介したが、「ソフトバンクアカデミア」開校式の講義での一節を再び引用しよう。

「十五年前はアメリカ人がインターネット人口の五〇％だった。アジア人は一九％であったと。しかし、いまから五年後は、アメリカ人はインターネット人口のなかの一二％になる、アジア人が五〇％になる。（中略）いままではアメリカ人の会社じゃないとインターネットナンバーワンになれなかった。グーグルだ、アマゾンだ、ヤフーUSだ、イーベイだ、いろいろあるけどね。みんなアメリカの会社でしたよね。つまり、お客さんの、ユーザーの五〇％がアメリカ人ならば、当然英語のウェブサイトで、アメリカ人の生活習慣に合ったビジネスモデルでというふうになっていくわけですね。だから、アメリカ人に地の利があった。

でも、これからはアジア人がインターネット人口の五〇％になる。たった五年で。もうすでに中国人のインターネット・ユーザーはアメリカ人を抜いた。五〇％が中国を中心としたアジアになって、アメリカ人は一二％になるということです。

デジタル情報革命の中心はアメリカからアジアへ

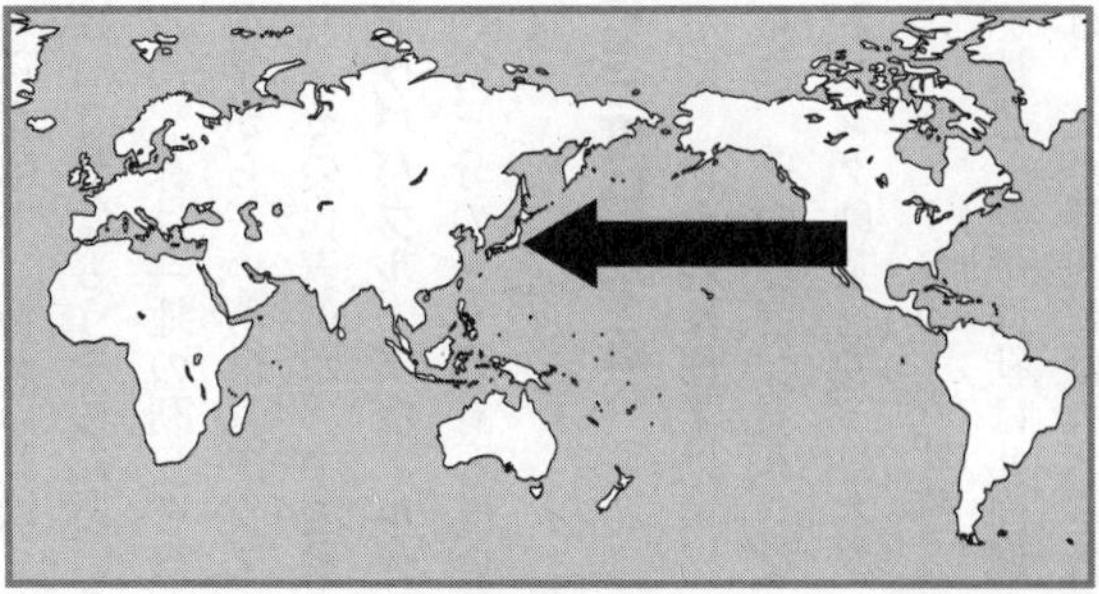

近い将来、アジア人が
インターネット人口の50%を
占めるようになる

アジアをメインの拠点にするソフトバンクは有利
=「地の利」を得た！

孫正義（ソフトバンク）は、
アジアの有力なインターネット関連企業に
2000年前半から戦略的投資

そういう意味で、われわれはまさに地の利を得たと。天の時を得て、地の利を得たならば、これはもうやらんといかんばい」

もちろん、孫は「地の利」を得ただけで慢心するような経営者ではない。二〇〇〇年代前半から、いち早くアジアのインターネット関連企業への戦略的投資を行なってきた。その代表例が、**中国最大のオンラインマーケット「タオバオ」を傘下に持つ「アリババグループホールディングス」への出資**である。ソフトバンクは同社の株式の約三分の一を保有している。

◆本社を三度移転する

ところで、孫正義は創業以来、これまで本社を三度移転している。それも出世魚さながらに、その都度、大きくなっている。

ソフトバンク創業当初、日本ソフトバンク時代には、東京都千代田区の日本テレビ通りの一角（JR市ヶ谷駅近く）にあった「株式会社経営総合研究所」内の一室に本社を開設した。同社は共同経営者の会社で、このなかに間借りしたのである。

番町は、江戸時代には大名屋敷が立ち並んでいた格式の高いところで、都心のなかで最も「地位」が高い、一等地である。地下鉄有楽町線「麴町駅」と「市ヶ谷駅」にも至近で、「地の利」は抜群だった。

だが孫正義は、経営方針をめぐり意見が合わず決別。東京都港区高輪に新たな事務所を得て、移転した。

白金や麻布に近く、この一帯は、いわゆる高級住宅地である。外国の大使館なども数多く、エキゾチックな雰囲気が漂《ただよ》っている。高輪プリンスホテルから坂を下った先には、JR品川駅があり、こちらも交通便利である。

一九九〇年代の急成長期、孫正義は、本社を中央区日本橋箱崎町に移した。首都高速都心環状線の「箱崎インターチェンジ」のすぐそばで、京葉高速湾岸道路を突っ走れば、成田空港に直結して行ける。

日本橋箱崎町は、いわば「世界への玄関口」である。湾岸道路の沿線には、千葉県の「幕張メッセの国際展示場」がある。孫正義は、アメリカの有望企業に対するM&Aや提携を目的に成田空港からよく旅立っていたので、日本橋箱崎町という「地の利」は最適だった。

現在は、東京都港区東新橋の「東京汐留《しおどめ》ビルディング」に本社を移している。三度目の移転であった。

ここは、汐留地域の再開発によって開かれた土地である。モノレール「都営ゆりかもめ線」を利用すれば、東京国際展示場にも短時間でいける。ＪＲ浜松町駅からは、羽田空港につながるモノレールに乗れる。

◆イオン創業家の家訓「大黒柱に車をつけよ」

孫正義は、このように事業の発展に歩調を合わせて、最も有利な「地の利」を選んできたのである。こちらもまさに出世魚さながらである。

これは、ジャスコ（現・イオン）の創業家「岡田屋」の経営とよく似ている。岡田屋には、五代目・惣右衛門《そえもん》が遺した「二つのモットー」が伝えられている。
一、より良い品をより安く。
二、**大黒柱に車をつけよ。**
「大黒柱に車をつけよ」というのは、「いつでも立地条件のよいところへ家を動かせるようにしておけ」という意味である。ひとところにデンと腰を据えて、安住していては、商売は発展しない。停滞し、衰退を招くという教訓が含まれている。

五代目・惣右衛門は明治二十年（一八八七年）、住み慣れた四日市久六町から出て、「辻」の南町へ店を移している。中心部「辻」から東へ二軒目のところである、初代・岡田惣左衛門が、治田郷《はったごう》から四日市に移住して行商を始めてから約百三十年後のことであった。

中心街への進出は、五代目・惣右衛門の長年の夢だった。十年後には、この店も手狭になり「辻」の北町一番屋敷に店を移した。明治時代末期、岡田屋は四日市一番の地位を築いている。この行動パターンは、岡田屋が拡大し、繁栄するための基本原理となる。

岡田屋は、昭和二十四年（一九四九年）に諏訪新道へ、昭和四十四年（一九六九年）には「ジャスコ」という新しい組織体に移っている。いずれも「大黒柱に車をつけよ」のモットーどおりの行動をしていたのである。昭和四十四年二月二十一日、本部機構・ジャスコ株式会社が設立された。

規模の拡大による新しい流通システムの創造を掲げたジャスコは、「商業を通じて地域社会に奉仕しよう」を社是として、小売業の組織化、近代化を目指して長い道程を歩み始めた。新社名は、公募のなかから「日本ユナイテッド・ストアーズ株式会社」(Japan United Stores Company：通称・ＪＵＳＣＯ)が選ばれた。誕生してから二十周年を迎えたジャスコは平成元年(一九八九年)、グループ名を「イオングループ」に変更している。

◆大きなことを成すには、志を共有する協力者が必要

四番目の文字の「将」〈大きな成功を収めるには優れた将が必要〉に進もう。

どんなに優秀な人でも一人でできることはたかが知れている。大きなことを成すためには、志を共にする協力者が必要だ。実際、優秀な経営者は、「できる男」や「できる女」を抱えているものである。

先述したように、孫正義は、野村證券の北尾吉孝(当時、同社事業法人三部長)を右腕としてヘッドハントした。

孫正義は平成六年(一九九四年)六月ごろ、北尾が野村證券にいたときから助言を受けていた。

「このくらいの金額だったら社債で調達できますよ。それで銀行に返してしまえばいい」

北尾は平成六年（一九九四年）にソフトバンクの株式公開を担当。ソフトバンクがジフ・デイビス社の展示会部門であるインターロップ社を約二百億円で買収したときも、この成功の陰には野村證券の北尾の関与があった。

北尾は昭和二十六年（一九五一年）、兵庫県生まれである。慶応大学経済学部卒業後、野村證券に入社した。ケンブリッジ大学に留学し、世界の経済に出会い、ニューヨーク、ロンドン、東京においてさまざまな金融ビジネスに従事した。企業の財務管理や資金調達においては百戦錬磨の経験と実力を備えている。

北尾の経歴は、ソフトバンクの財務を支えるにふさわしいものであった。当時まだ上場間もないソフトバンクの資金調達を支え、その調達額は、五千億円に達した。「ソフトバンクの急成長のために必要とした資金は北尾が調達した」と言っても過言ではない。北尾は「ソフトバンクの金庫番」としてソフトバンクの急成長を支えたのであった。

その後、北尾は平成十一年（一九九九年）にソフトバンク・インベストメント、現在のSBIホールディングスの社長兼CEOに就任。同社は、平成十八年（二〇〇六年）八月にソフトバンクグループから独立している。

◆「まぐれ当たりで得た果実というのは続かない」

続いて、一段目最後の文字「法」（継続して勝つための仕組み、システム、ルールづくり）。

孫子の兵法では「組織編成、指揮合図の規則、大将や軍官の職務上の責任、糧道と軍需品の管理の状況と、その制度が厳格に執行されているか否か」というように広く捉えている。

孫正義は、これを「システムやルールづくり」とわかりやすく言い換え、「ソフトバンクアカデミア」開校式の講義でこう説明している。

「法というとすぐに、法律の法だというふうに思う人が多いんだけど、孫子の言っている、ここで言う法というのは、システムだとか、方法論の法だとか、こういうルールづくり、仕組み、そういうところです。ですから、ビジネスモデルだとか、

プラットフォームだとか、そういうことも含まれます。（中略）

行き当たりばったりで、まぐれ当たりで得た果実というのは続かない。単なるそのときの根性というだけで得たものは続かない。仕組みをつくって、システムをつくって、法則をつくってというかたちでいかないと、大きな組織づくりというのはできないと。継続して、勝つ仕組みはできない。（中略）

じゃあどんな仕組みづくりをすれば、わが社がもっと強くなれるのか。そういうことを考えて、どんどん編み出していかなきゃいけない。そういう仕組みをつくっていくという社風をつくらなきゃいけないということです。どこの会社、どこのグループよりも継続して伸び続ける仕組み、成功の確率を上げていくという仕組みづくり、これをしなきゃいけないということであります」

では、孫正義はこれまで、どんな「法＝勝ち続けるための仕組み」を生み出してきたのか。その一例が「日次決算」と「チーム制」である。孫がこれらをいかに「発明」したかを振り返ってみよう。

【日次決算】

❶出版部門で業績が悪化したことがあり、これを防ぐ方法がなかった。
❷経営を悪化させないためには、悪化したときにそれをいち早く察知できるシステムが必要だ。
❸平成元年（一九八九年）ごろには、ソフトウエアの卸部門が赤字になった。流通は毎日が勝負である。「日次決算」を導入することで足元の状態を素早く知り、対策を打つことができた。

【チーム制】

❶会社の業績が悪化しても、多くの社員を抱えていると経営者は気づきにくい。
❷組織の人数が少ないと変化に気づきやすい。
❸経営悪化という変化を気づきやすくするには、ワンユニット当たりの人数を少なくすればよい。

「チーム制」は孫正義が「ノーベル賞もの」と胸を張る制度である。具体的には、社内の組織を十人以下のチームに分け、チームを一つの企業、つまり、「バーチャル・カンパニー（仮想企業）」として独立採算を採用する制度だ。

なぜ十人なのか。自分の手や足の指はいずれも十本ずつである。手や足の指一本でも欠けたら、手作業も歩行もやりにくくなる。同じように、一つひとつのビジネス・ユニットが十人以下になっていれば、どんな変化があっても、すぐにそれを察知することができる。

◆経営の基本は「チーム制」と「日次決算」の組み合わせ

この「日次決算」と「チーム制」を組み合わせたのが、ソフトバンクの経営ノウハウの基本に据えられている。これにはコンピュータの助けが必要である。

ソフトバンクグループの現在の社員数は約二万人。チーム数は二千を超えるまでになっているはずだ。そのそれぞれのチームごとに損益を常に分析しており、業績が悪いチームは「倒産」する。

チーム同士のM&A（合併・買収）もある。チームの人数が十人を超えると分割するので、勢いがあるチームの分身が増える。業績が好調で人数が十人を超えれば自動的に分割させられる。

チームごとに「日次決算」で分析され、バランスシートもつくる。しかも情報はすべての社員にオープンのため、どのチームがどういう状態にあるかは誰もが知ることができる。評価は、どれほど利益を上げたかではなく、前年に比べてどれほど利益を伸ばしたかによる。

そのため、配属による不公平は理由にならない。自分の持ち場でいかに業績を伸ばせるかが、勤務評価の最大のポイントとなっている。財務内容によってチームの格付けが変わり、財務部門からの借入金利にも当然差がつけられる。

倒産となったチームは解散させられる。ユニットの赤字がある程度の金額を超えたら、自動的にそのチームは解散する。安全装置をセットしているのである。

ソフトバンクには社員一人あたり約三台のパソコンがあるという。このパソコン網で日々の売上げなど基本的なデータを集めている。これに加えて、一日に女性の担当者一人が三十分だけ特別なデータ入力すれば、会社全体の日次決算のための業務は終わる。

しかも、世界中どこにいっても、パソコンによってソフトバンクグループの経営を監視し続け、会社の状態をデジタル情報化して分析することを徹底している。

「日次決算」のためのソフトは、もちろんソフトバンクの独自開発である。これだけは門外不出である。

◆データをグラフで「見える化」して「千本ノック」

さらに、データはすべてグラフ化してあり、一目瞭然になっている。数字だけでは、何が特徴か、あるいは何が重要か見えてこない、これをグラフ化するだけで「見える」ようになるのだ。

チームごとのさまざまな指標を集めれば、会社では膨大な数のグラフができる。千本集めて定期的に問題点がないか分析している。

孫正義は、これを「千本ノック」と呼んできた。どこに問題があって、どこを直さなければならないのかが、千本積み重ねて初めて見えてくる。

孫正義は「デジタル人間」を自認する。「この部門はなんとなくおかしい」などというように、会社の経営にあいまいさを持ち込むことを極端に嫌っている。「千本ノック」を採用することで、あいまいさを完全に排除できるというのだ。

平成七年（一九九五年）からは、「一万本」に増やしたという。営業報告、決裁などもコンピュータで行なっている。全役員が、ノートパソコンを見ながら、ペーパレスで経営会議を行なう。すべての情報がデジタル化され、コンピュータに入っている。孫正義は、この「一万本」もの指標をグラフ化して経営を分析、管理する方法を「超計器飛行」と命名している。飛行機にたとえると有視界飛行である。つまり操縦桿を握ってセスナのように飛行機を飛ばすのもあれば、ジャンボジェットのように計器が二、三百個あり、計器飛行するのもある。さらにスペースシャトルのように、地上に何百人もスタッフがいて、二、三年かけて計算して飛ぶ超計器飛行方法もある。孫正義が最も得意としているのが、この「超計器飛行」である。

孫正義は平成九年（一九九七年）三月当時、こう語っていた。

「普通の会社では、五十や百の指標はグラフ化しているかもしれない。だが、それでは本当に分析したことにはならない」

それから十数年を経る間に、ソフトバンクの「超計器飛行」的な経営手法がさらに進化しているのは間違いない。

第5章

「智信仁勇厳」の実践と応用

仕事で「自分の器」を大きくする

◆「この五つの文字を満たせる人間になりたい」

第四段目の「智信仁勇厳」は、「真のリーダーになるために身につけておくべきもの」、すなわち「リーダーの心得」を示している。

孫正義自身、この五つの文字を満たせる人間になりたいと、常に自分に言い聞かせてきた。低いレベルであれば、この五つの文字の均衡を取ることは比較的簡単だ。だが、より大きな器として、より大きな次元でバランスを取ろうとすると、普通で考えるよりはるかに難しい。

信義や仁愛に重きを置きすぎると、つい厳しさがおざなりになる危険性がある。また勇気を持って一歩踏み込み、厳しく事にあたろうとすれば、今度は「あいつは義理も人情もない奴だ」ということになってしまう。

バランスをとりながら、より高い次元を目指し、自分の器を大きくしていくのは大変なことだ。まさしく永遠のテーマなのである。これに孫正義はどのように取り組んできたのか。

◆「発明を一日一件、一年間続けること」を自分に課す

一番目は、「智」（思考力、理解力、専門的な知識、プレゼン能力、交渉力など。それらをバランス良く持ち合わせること）である。

孫正義はカリフォルニア大学バークレー校時代、事業家になるための開業資金を得るためには「アルバイトでは何年かけても貯まらない。発明で儲けるしかない」と考えた。そして、「一日一件の発明を一年間続けること」を自らに義務づけた。もしも思いついたものが実用化されれば、その特許使用料で一カ月に百万円以上の収入が期待できるはずだと計算したのである。

発明品とは、アイデア商品である。アイデア商品を生み出すには「発想力」を高め、強化するしかない。そこで、孫正義は、発想力をアップし、強化する決意をした。能力強化には訓練するしかない。スポーツの世界に「練習錬磨は不可能を可能にする」という言葉がある。孫正義はそのことを身をもって実証してみせた。

訓練である以上ルールが必要である。**孫正義は、発明のための時間を一日に五分以内とし、目覚まし時計を五分後にセットして、ベルが鳴ったら時間切れとした。**その間にアイデアが出なかったら、その日はダメだったということである。

頭の動かし方には「知識を覚える」ことと「知恵を働かせる」ことの二通りある。「知識を覚える」ことはコンピュータでいえばデータ入力に当たる。「知恵を働かせる」ことは論理回路を設計して作動させることに相当する。発明は「知恵を働かせる」ことによって生むことができる。

一年後、孫正義の「発明考案ノート」は、二百五十件もの発明のアイデアでびっしりと埋まっていた。この発明の訓練により頭を鍛えたことが後々、ずいぶんと役立ってくる。

アメリカという「独創性や創造力を重んずる国」に留学したおかげでもあった。いかに天才である孫正義といえども、日本にいて同世代の若者たちと競争し、大学入学試験を乗り切るためにエネルギーを消耗していたとしたら、発明のために頭を使い、独創性と創造力を高める訓練を思いつくことすらできなかったかもしれない。つまり今日の孫正義は育ってこなかったということである。孫正義自身、「渡米せずに日本に残っていたら、いまの自分はないでしょう」と述懐《じゅっかい》している。孫正義はこの発明の訓練によって、最終的に「孫正義流の発明発想法」を編み出すことができた。

◆「金の卵」ではなく、「金の卵を産むニワトリ」をつくる

「一日一件の発明」を始めて最初の一、二カ月は、どんどんアイデアが出てきたという。しかし、そのうちにネタが尽きてしまった。

そこで孫正義は発想を変えた。「発明を生み出す仕組み」、すなわち、「発明の思考システム」を発明しようと考えたのである。これを確立できれば、それ自体が最大の発明となる。金の卵をつくるよりも金の卵を産むニワトリをつくろうという発想である。

孫正義がまず考えたのは、「発明とはどういうプロセスでできるのか」ということである。試行錯誤の末、**発明には三つしかパターンがない**という結論に達した。

第一のパターンは**「問題解決法」**である。

問題を発見し、三段論法で解決策を考え、その結果として新たな発明ができるというパターンである。たとえば、ここに断面が丸い鉛筆がある。テーブルに置いたらコロコロと転がって落ちてしまった。ここで「鉛筆が転がっては困る」という問題を見つけたとする。すると、「転がらないように断面を四角形とか六角形にすればいい」という解決策＝発明が導き出される。

第二のパターンは**「水平思考法」**と呼ばれるものである。

水平思考とは、英国の教育学者であるエドワード・デ・ボノ博士が一九六九年に提唱したアイデアを見つけ出す方法である。論理的思考や分析的思考である「垂直思考」にとらわれず、さまざまな思考をめぐらして、よりよいアイデアを見つける方法である。たとえば、従来丸い商品を四角にしてみるとか、赤いものを白くしてみせるとか、大きいものを小さくしてみるとかする。

第三のパターンは**「組み合わせ法」**である。

ラジオとテープレコーダーを組み合わせると、ラジカセになる。オルゴールと時計を合わせると、オルゴール付き目覚まし時計となる。

◆「発明を自動的に生み出すコンピュータ・プログラム」を発明

この三つのパターンのなかで一番システム化に適しているのは、三番目の「組み合わせ法」である。システム化できると発明のアイデアはどんどん出てくる。

そこで孫正義は英単語の暗記カードにいろんなものの名前を書きつけていった。たとえば、「みかん」「釘《くぎ》」「メモリー」というように、いろんなものの名前をランダムに書いていく。三百枚ぐらいできたらそれをトランプのようにめくってランダムに三枚抜き取り、その三つを組み合わせて新しい商品のアイデアにしていったのである。

たとえば、「りんご」と「スピーチシンセサイザー」と「時計」。普通の常識を持った人間なら考え付かないような組み合わせである。一見意味のない取り合わせを前にしてよくよく考えてみると、新しい発想が湧いてくる。たとえば、「りんご」の形をした「スピーチシンセサイザー」がコケコッコーと鳴って「のどかな田舎の朝を演出する音声付きの時計」ができる。これがもし、いままでにない組み合わせなら、一つの発明ということになる。

次に、孫正義はコンピュータ・プログラムをつくって、個々の部品ごとに一個当たりのコストを入力していった。さらに、その部品の新しさの指数、孫正義がその部品に対してどれだけの知識を持っているかの指数を、それぞれ二十点満点、十点満点、五点満点で入れていくという具合に、合計四十ほどの要素を並べた。

三百枚のカードから三枚ずつ抜き取っていくので、百組できる。その百組のそれぞれについてコンピュータで指数を全部掛け合わせ、点数の高い順に並べていく。五分間の時間勝負なので、点数の上位のものから眺めることになる。そうすると変わった組み合わせで、なおかつ興味をそそられるアイデアの五つや六つは必ず出てくる。

最終的に考えて判断を下すのは、人間である孫正義自身である。このシステムは頭を刺激するアイデアを出してくれる。孫正義は一年間これを繰り返して二百五十件ほどのアイデアを考えた。

それを一つに絞ったのが、シャープで商品化した電子手帳の原型にあたる商品だった。孫正義はこの商品の特許を取得している。

孫正義が発明した原型は「音声装置付き多国語翻訳機」である。キーボードで日本語を入力すると、その日本語の翻訳文が音声として出力されるものだ。辞書とコンピュータのスピーチシンセサイザー、そして電卓の三つを組み合わせたアイデアであった。

◆弱冠二十一歳で、日本の大手企業に飛び込み営業

アイデア製品を発明、開発でき、試作品を製作したとしても、それが大量生産されて、市場で売れなければ、単なる宝の持ち腐れになってしまう。大量生産するには、どうしても、大企業で生産してもらうしかない。

それには、「売り込む」しかない。孫正義は、自ら考案した「音声装置付き多国語翻訳機」の試作機が完成すると、昭和五十三年（一九七八年）の夏に日本に一時帰国。発明の主旨を書いた手紙を事前に家電メーカーなど約五十社の社長宛てに送り、そのなかで返事のあった会社十社ほどを訪ねて歩いた。キヤノン、オムロン、横河ヒューレット・パッカード（現・日本ＨＰ）、カシオ、松下電器産業（現・パナソニック）、シャープなどである。

孫正義自身は実は内心で、シャープを第一本命、カシオを第二本命と考えていた。松下電器をはじめ多くの会社では、担当者が適当に聞き置くという程度の対応だった。

ところがカシオでは担当課長から、けんもほろろの扱いをされ、ボロくそに言われ、すっかりしょげて帰った。シャープは担当者からかなりきつい突っ込んだ質問をされた。第一本命のシャープの感触は悪くなかったが、すぐに契約してもらえるような楽観的な感じもなかった。

そこで孫正義は一計を案じ、大阪・梅田駅の近くから大阪の弁理士会に電話を入れた。シャープに強い特許事務所を調べてもらったのである。

幸いなことに元シャープの特許部に所属していた西田特許事務所の西田弁理士を紹介してもらうことができた。

すぐ事務所に行き、孫正義の発明が特許に値するかどうかを確認してもらった。

そのうえで、シャープのキーマンとして当時シャープの中央研究所の所長をしていた佐々木正専務（後にシャープ副社長、ソフトバンク相談役）と、浅田篤技術副本部長（後にシャープ副社長、任天堂会長）の二人を教えられた。孫正義はすかさず、頼み込む。

「その二人に電話をして、私に会うべきだと言ってください」

所長は電話して言ってくれた。

「面白そうな機械だ。会うだけ会ってみては」

孫正義は翌日、シャープに電話をして面会の約束をとりつけ、急遽九州から呼び寄せた父親とともに、奈良県天理市にあるシャープの中央研究所を訪れた。

当時まだ二十一歳の学生だった孫正義は、いざ契約ということになったときに相手にされないといけないと思い、父親に同行してくれるよう頼んだ。父親は息子の初仕事に喜んで同行してくれた。ただし、交渉はすべて孫正義が行なった。

このとき交渉に成功した経験は、孫正義が本格的に事業を起こしてビジネスを行なっていくうえで大きな自信になった。その意味でビジネスにおける売り込みのための「交渉実戦の練習その一」になったわけである。

◆一流の研究者や技術者をいかに口説いたか

じつは孫正義は試作品をつくるに当たっても、優秀な交渉力を発揮していた。多国語翻訳機の試作機をつくるためのプロジェクトチームをつくるのに、バークレー校のモーザー教授をはじめ、世界の一流の研究者や技術者を口説いたのである。

一人ひとりに自分のアイデアを説明して歩き、試作機の制作に協力してくれるよう頼んで回った。当然のことながら「NO」という返事が多かった。だが、なかには「YES」と応じてくれる奇特な教授もいた。

しかし、全員、成功報酬という約束であった。孫正義はこう約束した。

「プロジェクトチームに参加した教授にタダとは言いません。しかし、私にはお金がありませんので、報酬は後払いということにしていただきたい。試作機が完成し、日本への売り込みに成功したら、売れたお金のなかから契約した時給をもとに、報酬をお支払いします」

孫正義は後日、成功報酬の約束で試作機の制作を依頼した技術者たちに、売れた金額一億円のうち一千万円を支払った。

◆交渉力を高める練習――藤田田との出会い

自分の夢や願望、あるいは欲望を現実のものにしようとすると、どうしても誰かの力を借りなくてはならない。一人では何事も成すことはできないからである。商品や製品などを売り込もうとする場合も同様である。それがビジネスともなれば、手強い交渉の相手が登場してくる。

商売の相手を説得し、納得してもらわなければ、商品や製品などを買ってもらうことはできない。このため、どうしても営業力、販売力のベースとなる「交渉力」を鍛えておかなくてはならない。

どんなに第一級の商品や製品などを開発できても、それを売り込み、相手のサイフの紐《ひも》を解かせることができなければただのゴミ同然である。

孫正義は実践を繰り返すなかで、交渉力を磨いてきた。アメリカへの留学を決意したとき、まずその機会が訪れた。一カ月前の夏休みに米国の英語の研修で教わった先生に手紙を出して、身元引き受け人になってもらうことを依頼している。まさに「交渉の練習」である。

また次に、渡米前の孫正義は当時、ハンバーガーを日本に紹介し、成功を収め始めていた当時の日本マクドナルド社長の藤田田《でん》に面会を求めた。秘書は、怪《け》訝《げん》そうな表情で藤田田に伝えた、

「見知らぬ少年が、ぜひお会いしたい、と言っておりますが」

しかし、藤田は多忙の身、まったく取り合わなかった。ところが、孫正義は断られても断られても、**一週間、藤田田のオフィスに通い続けた。**そのあまりにもしつこい態度に藤田は、ようやく応接間に招き入れた。

「そこまで熱心なのは何かあるからだろう」

そう思ったからである。孫正義は、藤田に軽く挨拶するなり、いきなり聞いた。

「これから藤田さんが面白いと思う事業は何ですか？」

唖然とした藤田田は戸惑いながら、答えた。

「よくはわからないが、コンピュータ事業だと思う」

◆「日本語に翻訳してくれないとフェアではない」

もう一つある。アメリカの高校（四年制）での「飛び級」話だ。孫正義は二年生の勉強を一週間して、校長に言った。

「授業の内容は知り尽くしている」

強引に三年への進級を交渉したのだ。その結果、進級が認められ、じきに四年に上がることもできた。さらに、大学入学の検定試験を受けることになる。

このとき、英語で出題される検定試験に対し、孫は試験官にこう言い張った。

「日本語に翻訳してくれないとフェアではない」

結局、辞書持ち込みという特例が認められて受験。そして合格している。その結果、高校編入からわずか数週間で、大学入学有資格者となり、高校を辞めることになった。その後昭和五十二年（一九七七年）には、カリフォルニア大学バークレー校に入ることができた。孫正義の交渉力は、こうした実践の練習によって数段アップしたのであった。

◆交渉の達人・孫正義の「五つの極意」

これらのエピソードからもわかるように孫正義は説得上手であり、交渉の達人として知られている。とにかくしつこく粘っこいのである。相手を辟易《へきえき》とさせるくらいに口説きまくる。

孫正義のこれまでのビジネス歴から、必ず相手を口説き落とせる「極意」が浮かびあがってくる。それは、次の五つに凝縮されるだろう。言うなれば、説得・交渉を成功させる「五つの極意」である。

【極意❶】自分自身を一〇〇%説得する。

【極意❷】相手に対して尽くしてあげたいと本当に自分が心底から思う。

【極意❸】思わず引きつけられる殺し文句を、タイミングよく情熱をもって相手に吐く。

【極意❹】外国人を相手に英語でケンカできるくらいの抜群のコミュニケーション能力を持つ。

【極意❺】粘っこくしつこく、相手が落ちるまであきらめずに口説き続ける。

◆「殺し文句」をタイミングよく相手に吐くべし

孫正義は、説得・交渉の相手の懐にスーッと飛び込む名人であるとともに、「殺し文句」をタイミングよく吐く天性の才能を持っている。これは、並みのお世辞とはまったく違う。

相手に対する説得、交渉を行なう場合のコツとして熱心にプレゼンテーションしたり、志をアピールする。場合によっては相手の心をくすぐる言葉によって、相手の自尊心をより高め、こちらの要求に応じてもらう。相手の心を動かすには「殺し文句」が有効である。

孫正義がこれまでに発した言葉のなかで、相手の心を大きく動かした「殺し文句」をピック・アップしてみよう。孫正義がいかに話術の名人であるかがよくわかる。以下は、孫正義の「殺し文句」の「名言集」である。

●「この翻訳機は大変いいものなので、なんとか実用化させて世の中に貢献した

い」（シャープの佐々木正専務に翻訳機の試作機を持ち込んだときの言葉）

●「パソコンの日本一の流通をつくりたい。日本一のソフト流通をつくる人間は私しかいない」（ハドソンの工藤浩副社長に対する言葉）

●「私が持っているものは限りない情熱であり、私が狙っている分野は世の中が必要としている分野だから、おそらくは需要はあると思います。しかし証明はできない」（一億円の融資を申し込みにいった第一勧業銀行麹町支店の御器谷正之支店長に力説した言葉）

●「おっしゃることはわかりました。必ずご満足いただける金額を提示しますので」（ジフ・デイビス社買収の交渉のため、ニューヨークのフォーストマンリトル社のフォーストマン社長の提案に答えた言葉）

●「北尾さん、一分間だけ時間をください」「チーフ・フィナンシャル・オフィサーとして来てほしい」（野村證券の事業法人三部長だった北尾吉孝をソフトバンクに迎え入れようとしたときの言葉）

●「私はコンピュータ業界に恋をしている。この業界に骨を埋める。コムデックスが好きなのだ」（アメリカの展示会「コムデックス」を所有していたインターフ

エース・グループに買収を申し込んだとき、責任者であるジェイソン・チャドノフスキーに発した言葉）

●「日本でうまく有利に展開できる秘策が私にはある。いまは言えないけれども」（ニューズ・コーポレーションのルパート・マードック会長に、衛星デジタル放送事業を共同で行なおうと持ちかけたときの言葉）

◆「信用」を取り戻すためなら大金も惜しまない

次に、二文字目の「信」（信義、信念、信用）。

「信頼関係」が損なわれた場合、これを回復するのは至難の技である。孔子が「民信なくば立たず」と教えたように、企業によっては倒産に追い込まれかねない重大事態に陥る危険さえある。

平成十六年（二〇〇四年）二月、ＡＤＳＬサービスを提供する「ヤフーＢＢ」の顧客の個人情報が流出するという事件が起きた。孫正義は同月二十七日、この事件について、ソフトバンクＢＢ代表取締役社長兼ＣＥＯとして率直に謝罪した。

「ヤフーＢＢのお客様、関係者に大変ご迷惑をおかけしたことを心よりおわびしたい」

そのうえで、こう述べた。

「雨降って地固まるの意識で管理を徹底していきたい」

孫正義は同月二十六日にヨーロッパから帰国し、素早くヤフーBBの個人情報流出事件への対処を指示。そして翌二十七日、こう発表した。

「ヤフーBBのデータベースから会員の個人情報、四百五十一万七千三十九件が流出したことを確認した」

流出した個人情報は申し込み時の住所、氏名、電話番号、メールアドレス、申し込み日などで、クレジットカード番号などの信用情報は含まれていなかった。ソフトバンクBBによると、同社のデータベースには当時、現会員、解約者を含めて六百七十万人分の個人情報が保存されていたという。

ソフトバンクBBは、ヤフーBBの全会員、解約者などに五百円相当の金券（郵便為替）を送付することを発表した。これには約四十億円もの費用がかかると計算されていたが、「失った信用を取り戻せるなら、四十億円も惜しくはない」と、孫は考えていたに違いない。

◆真のリーダーは、時として「鬼」にならなくてはいけない

さらにこの事件でソフトバンクは、次のようにも発表した。

「社内処分として、孫正義が減給五〇%を六カ月、同社取締役副社長兼COO宮内謙、取締役CTO筒井多圭志《たかし》がそれぞれ減給三〇%を三カ月の処分にした」

これは、この段の最後の文字「厳」（厳しくすべきときは、愛する部下に対しても鬼になる）のまさに実践例といえる。

やはり「信賞必罰」のケジメは厳正でなくてはリーダーシップを発揮できない。だから真のリーダーは、自分自身に対してはもちろん、時として愛する部下に対しても鬼にならなくてはいけない——。孫正義は、この原則を厳しく貫いたのであった。素早く、厳正な対処は、むしろリーダーに対する信頼を高めることにもなる。

◆ソフトバンクの事業の目的は「植福」

三文字目の「仁」（人々の幸せのため、人々への仁愛のために仕事や事業をする）に

戻る。

この文字には、社員に対する慈しみ、パートナーに対する慈しみ、さらには、世の中の多くの人々に対する慈しみといった意味が込められている。

孫正義は「われわれは人々の幸せのため、人々への仁愛のために情報革命を行なっている」と常々語っている。これは、孫がソフトバンクのアイデンティティ、つまり孫正義自身と企業としての存在意義・使命を「人々の幸せのために貢献すること」に据えているということを示している。

明治の文豪・幸田露伴が著書『努力論』のなかで人生の目的について、「植福《しょくふく》とは、人世に吉慶幸福となるべき物質や情趣や知識を寄与する事をいふ」と結論づけているのが想起される。パートナーに利益を分配するのに、**「惜福《せきふく》」**（利益を分けるのをケチる）、**「分福《ぶんぷく》」**（利益を平等に分かち与える）、**「植福」**（未来に亘《わた》って福が生まれるようにタネを植える）の三段階があり、露伴は「植福」を最高としたのである。孫正義の「情報革命」の目的も、まさに「植福」と言い換えてよいだろう。

◆孫正義は織田信長流「退却の名人」である

四文字目の「勇」（勇気）は、「闘う勇気」と「退く勇気」という二つの勇気を意味している。

孫正義は、「闘う勇気」よりも、「退却の勇気」を振るうほうが難しいという。慣性の法則ではないが、いったん前進を始めた以上、この動きを止めるのは難しい。ましてや「退却」は「敵に背を向けるのは恥だ。意地でもできない」という心理が働くからである。後戻りできず、突撃攻撃をかけて華々しく「玉砕」するのが美学だと考えてしまう。

しかし、孫正義は、危険を察知したら、迷わず「退却」することが大事であるという。深追いすると敵に叩かれて、壊滅させられてしまう恐れがあるからである。

孫正義が尊敬する**織田信長は、「退却の名人」として名高い戦国武将**であった。

旧日本陸軍士官学校の教科書『統帥綱領《とうすいこうりょう》』（解説・大橋武夫、建帛社刊）は、「統

帥の源流」のなかの「十三、退却」において、「北陸よりの退却を断行した織田信長」について、以下のように述べている。

「この夜、信長の陣営に謙信からの手紙が届いた。文面には
『……かねてご高名は承っているが、この度初めてお手合せできる機会を得て喜んでいる。乱軍の間に行違っては残念であるから、明日卯《う》の刻、金津川までお出かけ下さい。大将同士で決戦しよう。……』
とあった。信長の参陣は極秘にしてあり、味方でも知らない者が多かったのに、謙信は早くも嗅ぎ付けて血戦状をよこしたのである。
いよいよ天下分け目の大決戦である。『勝敗や如何《いか》に！』と皆息をのんだが、意外にもその夜、信長軍は闇にまぎれて退却してしまった。
　夜明けとともにこれを知った謙信軍は、罵《ののし》り嘲《あざけ》りながら猛追撃を敢行したが、信長軍はこれを振り切り、逃げ帰ってしまった。（中略）
　信長は、ここで謙信と決戦することの愚を悟ったのである。彼の本来の目的は京都確保にある。こんな所で川中島合戦のような名人戦をやっていたんでは、たとい

勝っても損害が大きく、時日も無駄になり、その間に、漁夫の利を狙う第三者のため京都を占領される恐れがある。（中略）
信長の退却は世間の物笑いになり、次のような落書きまで出る始末であった。
上杉にあうては織田も手取川
はねる謙信　逃げる信長
追撃途上でこれを見た謙信は、『いかにはねても飛ぶ長（信長）にはおよばぬ』といい、『信長がこんなに弱いとは驚いた。天下は謙信の手に入ったも同然だ』と笑ったという。
しかし、この不名誉な退却が信長に天下を握らせたのである。あの向う意気の強くて怒りっぽい信長が、よくも我慢をしたものである。長篠における武田勝頼とくらべてみると、『さすがは名将！』と、その勇気に感嘆させられる」
孫正義は織田信長に学び、やはり「退却の名人」である。その実例を紹介しておこう。

与できるものと考えていた。

撤退例一――ナスダック・ジャパン

孫正義は、米ナスダック・ストック・マーケット社が日本への進出を計画しているとの情報をキャッチして、東京株式市場でのナスダック・ジャパン市場の創設に携わり、国内における証券市場の活性化促進やベンチャー及び中小企業の発展に寄与できるものと考えていた。

だが、東京証券取引所や野村證券といった大手証券などから抵抗にあい、東京での市場開設を断念。平成十一年（一九九九年）年六月に米国店頭株式市場「ナスダック」を運営する米ナスダック・ストック・マーケット社と折半出資して、「ナスダック・ジャパン・プランニング株式会社」を設立し、大阪証券取引所との業務提携の下で平成十二年（二〇〇〇年）六月からナスダック市場にならったナスダック・ジャパン市場を共同運営していた。

孫正義はナスダック・ジャパン取締役に就任、平成十一年十二月の会見で「開設後一年で二千三百社を目指す」との目標を掲げていた。

ところが市場開設時期がＩＴバブル後の株式市場の低迷時期と重なったことなど

から、平成十三年（二〇〇一年）末で数十億円の累積損失を抱え、米ナスダック・ストック・マーケットとソフトバンクによる十八億七千五百万円の第三者割当増資を行なった。

それでも、ナスダック・ジャパン市場の上場会社数は九十八社（加えて上場予定三社）にとどまり、二年経っても目標は達成できなかった。そのため、平成十四年（二〇〇二年）八月十六日、同日開催した臨時取締役会で「現在の経済環境では事業継続は困難と判断し、営業活動を停止する」という決議を行なったと発表し、ナスダック・ジャパン市場を運営する大阪証券取引所との業務契約は同年十月十五日に解消。ナスダック・ジャパン市場での取引業務は大阪証券取引所が引き継いだ。

孫正義は、陳謝した。

「営業停止の決議は、米ナスダック・ストック・マーケットの意向を受けた。非常に申し訳ない」

米ナスダック・ストック・マーケットが日本市場から事実上撤退という事態を受けて、ソフトバンクも手を引くことを決めた。孫正義は「結果的にシステム投資などの負担が大きかった」と、見通しが甘かったことを認めた。

ただし、ソフトバンクの投資戦略に変更はないことも明らかにした。

「ソフトバンクによるナスダック・ジャパン社への投資額は約十二億円であり、この決定による業績への影響は投資額の範囲内に限定され、資金調達など財務活動に影響を与えることはない。投資を本業に集中し、海外投資は慎重に行なうという方針は変わらない」

撤退例二──あおぞら銀行

孫正義は平成十五年（二〇〇三年）、あおぞら銀行を売却した。その理由について孫は、「銀行法が改正され、事業会社が銀行の株式を二〇％以上保有する場合には改めて認可が必要になったためである」と説明した。

事実、平成十三年（二〇〇一年）十一月に銀行法が改正され、異業種からの銀行業への新規参入にともない、銀行の健全かつ適切な経営を確保するためとして、銀行の発行株式総数の原則二〇％以上所有する株主を「銀行主要株主」として、財務面の健全性、株式所有の目的、社会的信用などに基づいてその適格性が判断されることになった。

　その判断の必要限度において「銀行主要株主」に対して財務状況に関する報告書を求めたり、立入検査を行なうことができるとしている。このため、孫正義は、金融庁の立入検査を受ける可能性が出てきたのを嫌ったようである。

　ソフトバンクとしては、あおぞら銀行を少しでも高く買ってくれるならば、外資の投資ファンドでも売却したいと考え、あおぞら銀行ができてわずか一年六カ月で撤退を決断したのであった。

　あおぞら銀行は、平成十二年（二〇〇〇年）九月一日に特別公的管理を終了した旧日本債券信用銀行が平成十三年一月四日よりソフトバンク、オリックス、東京海上火災保険などの出資を得て、あおぞら銀行として再出発していた。三社の出資比率は、それぞれ四八・八七％、一四・九九％、一四・九九％であった。ソフトバンクは当時、約四百九十億円を出資しており、孫正義は
「ネット関連ベンチャー企業育成の担い手としてあおぞら銀行を生かしたい」
と熱く語っていた。あおぞら銀行ができた当初「社債償還や銀行借入返済などで

資金繰り問題を抱えているソフトバンクに銀行の資金が還流するのではないか」との「機関銀行化」説が取りざたされていた。あおぞら銀行がソフトバンクグループの資金源となるという意味であった。

「うまみ」がなくなると見れば、**孫正義の逃げ足は早い。**まさに「三十六計逃げるに如《し》かず」である。

第6章

「頂情略七闘」の実践と応用

「ビジョン実現への最短距離」を見抜く

道	天	地	将	法
頂	情	略	七	闘
一	流	攻	守	群
智	信	仁	勇	厳
風	林	火	山	海

◆山頂から見える景色を〝登る前に〟想像する

第二段目の**「頂情略七闘」**は、すべて孫正義のオリジナルである。

そのせいか、「ソフトバンクアカデミア」開校式の講演でも、この五文字についてはは解説によりいっそう感情が込められた。

まず第一字目の**「頂」〈ビジョンを持つ＝山の頂上から見渡した景色を想像する〉**から見ていこう。

第2章でも述べたが、本来は頂上に登ってみて初めて見える山頂からの景色を〝登る前に〟想像することこそが、孫のいう「ビジョンを持つ」ということである。

「十年後、二十年後、三十年後は、どういう世の中になるのか、そのなかでソフトバンクはどうなっているのか」

ソフトバンクを創業したとき、孫はこの問いを何度も自分に投げかけ、そのイメージを鮮明にすべく、必死に考え抜いたに違いない。そして、次の二つの三十年ビジョンを掲げた。

❶マイクロプロセッサが人間の未来を一変させる

❷売上を豆腐のように一兆（丁）、二兆（丁）と数える企業になる

いうまでもなく、このビジョンは約三十年経ったいま、見事に現実のものとなっている。

◆ビジョンには「絶対実現する」という覚悟が必要

孫正義は、平成二十二年（二〇一〇年）六月二十五日の第三十回定時株主総会で、次の三十年ビジョンとなる「ソフトバンク新30年ビジョン」を発表した。

冒頭、孫は「情報革命で人々を幸せにする」という同社の「理念」を改めて説明した。そのあと、「ビジョン」の説明に移ったのだが、ここで孫が最初に語ったのは「三十年後のビジョン」ではなく、なんと「三百年後のビジョン」だった。

「過去三百年に、機械により人類の生き方が大きく変わるパラダイムシフトがありました。次の三百年間でテクノロジーはどう進化し、人々のライフスタイルはどうなっていくのでしょうか」

この問いに対する答えがソフトバンクのホームページに載っているのでぜひチェックしていただきたいが、ひと言でいって「壮大」である。

そのうえで、「三百年後のビジョンについて語った後では、三十年後のビジョンはとても現実的に見えるかもしれません」と前置きしたうえで次のように紹介している。

「三十年後、コンピュータのチップの数は脳細胞の十万倍になります。さらにそのチップは、今日現在の百万倍のメモリ容量で、三百万倍の通信速度で通信できるようになる。そうすると、どうなるか。三十年後のｉＰｈｏｎｅには楽曲が五千億曲、新聞データなら三億年分、動画にしても三万年分入ることになるでしょう。生きている間に見切れないほどのあり余る情報が、手元の三万円くらいのデバイスに入る。実質的に無限大の情報・知識・知恵を格納できるストレージができるのです。さらに音楽なら一秒間に三百万曲分のデータをクラウド（インターネット上の大型コンピュータ）からダウンロードすることができるようになる。ライフスタイルが劇的に変わります」

では、具体的にどのようにライフスタイルが変わるのか。

30年後（2040年）の世界

コンピュータはどこまで進化しているか？

	2010年		2040年
CPU（トランジスタ数）	30億個	100万倍	3,000兆個（人間の脳の10万倍）
メモリ容量	32GB	100万倍	32PB
通信速度	1Gbps	300万倍	3Pbps

３万円端末に保存可能なコンテンツ

	2010年	2040年
音　楽	6,400曲	5,000億曲
新　聞	4年分	3.5億年分
映　画	4時間分	3万年分

（出典：ソフトバンク 新30年ビジョン制作委員会編『ソフトバンク 新30年ビジョン』ソフトバンククリエイティブ刊）

孫正義は、「三十年後には、メガネや靴にも、現在の百万倍ぐらいの処理速度や記憶容量、あるいは通信速度を持ったチップが入る。そうなると、『あと五十三歩、歩きなさい』といって健康管理をしてくれる靴や、外国人がしゃべっている言葉を自動翻訳して洋画の字幕のように表示してくれるメガネが登場するかもしれない」と言っている。

一方、ソフトバンクグループは三十年後には五千社に増え、その時価総額は世界トップ10に入る二百兆円に達しているという。

孫正義は「本気でこの数字を達成できる、達成しなければいけない」と考えている。「こうなったらいいな」などという甘い気持ちは微塵《みじん》もない。

孫の「ビジョン」のすごいところは、その壮大さもさることながら、**「必達目標=コミットメント」**と**「明確な最終期限=デッドライン」**を決め、絶対に達成するという強い意志を必ずともなっているところにこそある。

ちなみに、ソフトバンクのホームページの解説の最後にはこう書かれている。

「以上が、ソフトバンクの新30年ビジョンです。

ただこの一つのために考えました。そして実行します。

『情報革命で人々を幸せに』」

◆「トップの器でない人がトップになると、群れは困ってしまう」

以前にインタビューしたとき、「リーダーがビジョンを持つことの重要性」について、孫正義は次のように力説していた。

「会社で今度新しく社長になりましたということで、どこかの会社の社長のところへ行ってみます。そこで『いかがですか』と聞いてみると、日本の社長のほとんどの方が、最初に必ず『思いがけずして社長になりまして』とか、『図らずも社長になりまして』と枕詞として言われます。私に言わせれば、思いがけず社長になってはいけない、図らずも社長になってはいけない。図らなかった人は社長になってはいけない。それは社員にとっては迷惑な話です」

孫正義の熱弁は、さらに続いた。

「次に『それでは抱負はなんですか』と聞きます。そうすると、たいていの社長は

『人の和』と言います。ほとんどそう言います。そして次に言うことが『お客様』です。その次に言うことが『わが社の技術』とか『わが社の暖簾《のれん》』あるいは『わが社の伝統』と言います。ほとんど決まり文句です。顔だけ変えれば言っている中身はだいたい同じです。またそれを良しとしてきた。しかし、本当にそれでいいのかどうか。私は疑問に思う」

経営トップになった人物がいかなるビジョンを示すかによって、組織の力の発揮の仕方は大きく変わってくる。組織のメンバーが奮い立つようなビジョンであれば、彼らはその全能力を発揮するようになる。千人が一〇%余計に力を出せば、文字どおり百人力を増したことになる。しかし、その逆の場合もある。

「社長の器でない人が社長になると、群れは困ってしまいます。お客様も困ってしまう。何かのアクシデントなり、何かのラッキーでなってしまったという人は心底、会社のことを考えていないのではないかと思います」

このときの発言と同じようなことを、孫は「ソフトバンクアカデミア」開校式の講義でも語っている。

「図らずも社長になったら部下はかわいそうだ。まぐれでなってしまった社長は部下を路頭に迷わす。そんなやつにビジョンがあるわけがない。ビジョンなんて急に浮かばない。普段から考えに考えて、ちぎれるほど考え抜かないと。そんなポッと、二、三日考えて浮かぶようなもんじゃない、ということですね」

◆「二十五の意思決定要因」で事業アイデアを点数化

さて、二文字目の「情」〈ビジョンが正しいかどうかを検証するため、徹底的に情報収集を行なう〉に移ろう。

孫正義はソフトバンク創業前、「人生を賭けるに値する事業」を模索していた一年半の間に、自分なりにやりたいと思う事業を四十ほど考えたという。そのどれもが、まだ誰もやっていない、まったく新しい切り口のビジネスモデルだった。

そして、これら**四十の事業のそれぞれについて一生懸命ビジネスプランをつくり、さらにそれでいけるかどうかのリサーチを徹底的に行なった。**その詳細について孫正義は、「ソフトバンクアカデミア」開校式の講義でこう紹介している。

「(一つひとつの) 事業について、十年分のビジネスプランを、予想資金繰り表、予想損益計算書、予想バランスシート、予想人員計画、予想売上、当然ですけれども、マーケットシェア、こういうものを徹底的に調べて。で、競合になるであろうという会社の規模、ビジネスモデル、売上、利益、バランスシートを徹底的に調べまくって。一つのビジネスモデルについて、もう一メートル以上その資料を集めまくって、調べ抜いて」

しかし、しばらくするともっと良いアイデアが浮かぶ。それでまた一からビジネスプランをつくり直し、リサーチもやり直す。

そんなことを四十回繰り返したあと、さらに、**ほんとうに自分の一生を賭けるにふさわしい仕事は何かを見極めるため、チェックリストを作成**した。これは二十五の意志決定要因をまとめたもので、その内容はたとえば次のようなものである。

●自分が五十年間飽きずにその仕事に全知全能を注いで、継続して、より深い興味を持ち、夢中になって打ち込み続けることができる仕事かどうか?

●他の誰も思いつかないようなユニークなビジネスかどうか？
●十年以内に少なくとも日本でナンバーワンになれるビジネスであるかどうか？
●お金がちゃんと儲かるか？
●時代の流れに合っているか？

孫は情報収集の結果をこのチェックリストと照らし合わせ、四十の事業のそれぞれに点数をつけた。そのうえで選び抜いたのがソフトバンクだったのだ。唖然とするような粘り強さと努力である。

◆孫子の兵法も「情報収集に力を入れよ」と説く

ところで優れたリーダーは、情報を宝物のように大切にする。情報収集に人材や資金を惜しんでは、第一級の情報をつかむことはできない。情報がないのにビジネスに臨むのは危険である。孫武は『孫子』「第十三 用間篇」において、「情報収集・謀略活動に力を入れよ」と説く。「間」とは、間者、スパイのことである。

❶爵禄《しゃくろく》百金を愛《おし》みて敵の情を知らざる者は、不仁の至りなり（情報をつかむのに資金を惜しむようなトップ・リーダーは、失格である）。

❷明君賢将の動きて人に勝ち、成功、衆に出づる所以《ゆえん》のものは、先知なり（立派なトップ・リーダーが、戦いに勝てるのは、敵に先んじて敵情を探り出すからである）。

❸先知は、鬼神に取るべからず、事に象《かたど》るべからず、度に験《けみ》すべからず、人に取りて敵の情を知る者なり（「情報」は、あくまでも、「人の口を通して獲得できるもの」であり、神仏に頼ったり、占いに頼ったりしてはならない。経営者にとっては、金利、為替、株価、市況などの動向から目を離せない。ましてや、マーケット動向を正確にキャッチしなければ、商戦に負けてしまう）。

❹五種類の間者（郷間、内間、反間、死間、生間）は、人君の宝なり（スパイはトップ・リーダーの宝である）。

孫武は、スパイを使った以下の五つの情報収集法を説いている。

■郷間＝敵国の民間人を使って情報を集める
■内間＝敵国の役人を買収して情報を集める
■反間＝敵のスパイを手なずけ、わが方のスパイとして逆用する
■死間＝死を覚悟で敵国に潜入し、ニセの情報を流す
■生間＝敵国から生きて帰ってきて情報をもたらす

◆「敵情探索の秘訣」は「兆候察知法」にある

孫子の兵法の「第九　行軍篇」は、「作戦行動の心得と敵情探索の秘訣」について説いている。「作戦行動の心得」とは、陣の取り方、進軍の方法である。たとえば、敵がすでに高地にいるときは、低地から攻め登って戦ってはならない。攻めれば、兵を損じてしまう危険性が高いからである。「敵情探索の秘訣」は、「兆候察知法」にある。目に映る現象、あるいは兆候から、その背後の本質を見破るのである。これは部下を統率するうえで、不可欠である。

ところで、宮本武蔵は『五輪書』の「水の巻」のなかで、こう説いている。

「観見二つの事、観の目強く、見の目弱く、遠きところを近く見、近きところを遠く見る事、兵法の専《もっぱら》也」

物事を見るには、常に「マクロの目」と「ミクロの目」の二つの目で見ることが大事であるという。「観」とは、心で観ること、仏教の「観智」、つまり「物事一切を観察して、根本のことわりを悟る智恵」のことをいう。「見」とは肉眼で見ることである。戦闘の際には、「大きく広く目配り」し、「観の目」を強く、「見の目」は弱くして、遠いところを的確に捉え、身近なところの動きから大局をつかむ。目の球を動かさないで、両脇を見ることも大切だと、武蔵は説いているのである。

これを経済活動に適用すると、「商いでもマクロで捉え、ミクロで考えることが必要である」という意味になる。世の中の動きや経済変動、景気循環、株価・為替・金利・地価などの動向、あるいは消費者の嗜好の変化、ファッションや商品の流行、売れ筋商品のトレンドなどの「大局」を見据えることが重要となる。

◆「ビジョン実現への最短距離」となる一手を絞り出す

続いて三文字目の「略」〈ビジョンを実現するための戦略〉。

ビジョンをつくり、情報を徹底的に集めたら、次に何をしなければいけないか。それは、ありとあらゆる選択肢を挙げたうえで、そのなかから「ビジョン実現への最短距離」となる一手を絞り出すことである。

これこそが「戦略」にほかならない。

当然だが、どんなビジョンの実現を目指すにしても、何の戦略もなく、あれもこれも手を出していたら、いくら時間があっても足りない。「戦略なき戦術（実践）」は、結果的に大きな遠回りになってしまうのである。

こうした「戦略」の大切さを何よりわかっていたのは織田信長である。

信長は、尾張の国から一直線に京の都へ引いた線に沿ってそこだけを攻めて陣地を拡大していった。それ以外の方向は同盟を結んで、できるだけ戦わないようにしている。

これに対して、武田信玄は甲斐《かい》の国の周囲三六〇度へ常に戦いを仕掛けた。越後《えちご》の上杉謙信は、京とはまるで正反対の関東地方や甲州に出陣して、戦いに明け暮れていた。つまり、いずれも自分の陣地をいかに守るか、自分の陣地をいかに少しずつ広げるか、ということに終始していた。行き当たりばったりだったのである。

この結果、天下を狙って京を目指すのが大幅に遅れ、どちらもピント外れの人生を送ってしまっている。その点、織田信長は利口だった。

◆知名度を一気にアップさせるための「ホークス買収」

そんな織田信長の影響か、孫正義はこれまでじつに見事な「戦略」を立ててきた。その一例が、平成十六年（二〇〇四年）の「福岡ダイエーホークス（現・福岡ソフトバンクホークス）」の買収である。

ソフトバンクは当時、約五百万件のＡＤＳＬ接続回線を保有していた。後発ながら、割安な料金設定とモデムの街頭無料配布などでシェア三五・二％と、ＮＴＴグループ（三七・二％）に匹敵する地位を手中にしていた。

しかし孫はこの成功に飽き足らず、非対称デジタル加入者回線（ＡＤＳＬ）などのブロードバンド（高速大容量）通信から、固定電話や携帯電話へ事業を急拡大させる道を選ぶ。そして平成十六年七月には通信会社の日本テレコム（現・ソフトバンクテレコム）を約三千四百億円で買収し、子会社化。当時、日本テレコムは、基本料金や通話料がＮＴＴより安い固定電話サービスを始めたばかりだった。携帯電話事業への新規参入も申請中で、つまり孫正義はブロードバンド、固定電話、携帯

「福岡ソフトバンクホークス」のロゴを手に笑顔の孫正義と王貞治監督（当時）。国民的スポーツであるプロ野球に参入することで、ソフトバンクの認知度やブランドイメージを一気に高める——そんな戦略を立てた孫は、2004年に約200億円で福岡ダイエーホークスを買収した　写真提供：共同通信社

電話でNTTグループに真っ向勝負を挑む構えを示したのである。

ただ、ADSLだけで新規顧客獲得に年間約一千億円をかけており、割安固定電話や携帯電話事業がスタートすれば、顧客獲得費用はさらに膨らむことが予想された。そんな状況のなかで孫が立てたのが、**「国民的スポーツであるプロ野球への参入で、企業の認知度やブランドイメージを一気に高める」**という戦略だった。

平成十六年十二月二十四日、「福岡ダイエーホークス」の買収が正式に認められた。以降、新球団「福岡ソフトバンクホークス」を顧客獲得にフル活用していく。

その一カ月前の記者会見で、孫正義はこう述べていた。

「携帯電話への新規参入が認められれば、携帯電話でもソフトバンクのブランドを全面的に打ち出したい。別のブランドで展開している事業についても、可能なものから親和性を高めていく」

球団名に「五百を超す候補を検討した」といい、結局、「ソフトバンク」の社名をブランドとして活用することを決めた。球団名と社名を一致させた理由も明白だった。

「日本全国の人に（野球を通じて会社を）知ってもらいたいと真剣に考えた」

孫正義は、通信事業の熾烈な競争を勝ち抜くためにプロ野球の「全国的知名度」と「はつらつとしたイメージ」が必要だったのである。

「球団が年間十億円の赤字であっても、知名度向上で顧客獲得コストを一割削減できれば、グループ全体の経営にとってはプラスだ」

球団と興行権の買収費用二百億円や、年間四十八億円の福岡ドーム賃貸料も、

「事業拡大につながるなら、高い買い物ではない」

と余裕たっぷりだった。

実際に、福岡ドームでのホークス戦では、三十台ものテレビカメラで中継し、ブロードバンドの有力番組として活用していた（現在は行なっていない）。ソフトバンクの成長戦略にとって、いまや福岡ソフトバンクホークスは欠かせない存在となっている。

◆「勝率七割」はどう判断すればいいのか

孫正義は、「七」（七割の勝算で勝負する）を「マジックナンバー」としている。

それはなぜか。前出の『プレジデント』(一九九七年一月号)の記事ではこう説明している。

「勝敗の確率が五分五分のときに戦いを仕掛ける者は愚かである。勝率が一割か二割なら、もはや問題外のことである。

だが、逆に、私は勝率九割という数字が七割よりいいと思ってはいない。ここがポイントである。なぜか。それは、勝率九割のところに平均点を求めると、わがデジタル情報産業界では、すべて手遅れになるからだ。

勝率九割を求めると、理屈では戦いの陣形が完璧に整ったことになるとしても、いざ仕上げの戦いだと勇んで参戦したら、もはやレースが終わった後だったということになりかねない。(中略)

『兵は拙速を貴ぶ』(作戦篇二)のである。だから、七割の勝率に目盛りを合わせ、七割までの要素が揃ってきたら、とにかく素早く打ち込んでいく。

同時に、事業をリスクにさらすのは経営体のなかで三割以下に抑え、新規事業についても、失敗しそうな確率は三割以下に抑えるというかたちに目盛りを合わせることでもある」

「勝率７割」が勝負に出るタイミング

勝率５割 ➡ まだリスクが高すぎる

勝率７割 ➡ ちょうどいい⇒戦いに臨む

勝率９割 ➡ 時すでに遅し

注意！

安易に「７割」と判断するなかれ

孫子の兵法は、「算多ければ勝ち、算少なければ負ける」と説く。算とは、「勝算」のことである。勝算を得るには、「的確な景況観」に立ち、「正確な情報」を得るしかない。だから、「勝算」を高めておくに越したことはない。

だが、「安全パイ」ばかり求めて、勝算の確率が高まるのをアテにしていると、「トンビに油揚げ」をさらわれてしまう危険がある。「勝率九割で戦いに臨むのは手遅れ。世界中で競争しているのだから、ガンマンのように素早く撃たないと、勝率が高くても勝てない」と、タイミングの重要性についても語っている。要は勝率を見極め、時機を見定めて、一気に臨まなければいけないということだ。

「では、勝率七割というのは、どう判断すればいいのか。どんなに情報収集をしたとしても、客観的にこれで七割というのはわからないのではないか」

そんなふうに思った人もいるだろう。たしかに最後の最後は、その人の主観による判断になる。ただ、「ソフトバンクアカデミア」での孫の次の言葉は、肝に銘じておくべきだろう。

「七割以上勝てるという確率は皆さんの主観によるわけだね。ですから、ああもう七割行ける、と思い込む場合が多いから、それは気をつけなきゃいけないよ。もうこれは七割行けたと、十分行けると。軽はずみに七割だというふうに錯覚してはいけないよ。もう絶対、これは七割以上行けると、絶対に行けるという七割だ。もしかしたら行ける七割というんじゃないんだよ。考えに考えに考え抜いて、どう考えてもこれは七割以上行けるぞという七割でないといけない。執念の入った七割でないといけない。いい加減に、まあ七割でいいって孫さんが言っとったからなと。いい加減に、だいたいでいいやと、軽い気持ちで七割と決めちゃいかんよ。考えに考えに考え抜いて、七割行けるということでやってほしい」

◆「行動がともなわない知恵」は無意味である

この段の最後の文字、「闘」〈命を賭けて闘って初めて、ビジョンを実現させることができる〉について、説明しよう。

孫正義は前出の『プレジデント』の記事で、この文字についても熱く語っている。

「逆説的に聞こえようと、『知恵イコール闘い』であると私は理解している。それで、ここに『闘』という字を入れた。知恵は、闘いに勝つということを前提とした知恵でないと、机上の空論に走りやすいからだ」

「知恵イコール闘い」でない人というのは、いわば評論家のことである。そういう人に対して孫は手厳しい。再び「ソフトバンクアカデミア」開校式の講義から引用しよう。

「『いや、俺は知ってたよ、そんなもの』と、『俺だって知ってたさ』と、よく言うじゃないか。典型的な例が評論家の皆さんだよね。いやいや、もう偉そうにいろいろ、ああだ、こうだ言う。コンサルタントも偉そうにいろいろ、ああだ、こうだと。そういう人に限って、『じゃあやってみろ』と言ったら、『いや、それは私の仕事じゃありません』と。たいがいにせい、こら！　と。言うだけなら簡単だよと。自分が闘って、成せるという自信がないと、成せるという覚悟がないと、高邁《こうまい》な理論は無責任な理論だということですよ。高邁な戦略も、ビジョンも、それは言うだけに終わる。言うだけでいいなら簡単だよと。二行ぐらいでツイッターでつぶやいておけばいいと。言うだけならね」

【問題解決手続き　その一＝敵・味方を明確化】

孫正義は、攻撃精神旺盛《おうせい》である。だが、いかに攻撃精神旺盛とはいえども、いつも快進撃というわけにはいかない。行く先々で、新しい障害が現れては、前途を阻む。まさしく、障害物競走である。その都度、知恵を働かせ、勇気を奮い、汗と涙の懸命な努力によってそれらを克服してきた。そこで孫正義が、そうした苦難といかに「闘」ってきたかを紹介しなくてはならない。

孫正義は、障害に阻まれるたびに、問題解決に全身全霊を費やして、難関、苦難を突破してきた。その「問題解決のプロセス」は、次のように「三つの手続き」から構成されていたのである。

❶敵・味方を明確化
❷衝突構造の把握
❸困難克服の方法

これを手順よく処理していくことにより、「問題の解決」に導かれていくのである。

まずは、❶敵・味方を明確化することだ。

問題の解決に向けて「推進する立場」、逆に「妨げる立場」にあるものとしては、いったいどのようなものがあるのか。具体的には、次のようなものが挙げられる。

❶人間

❷人間集団の立場（要素）

❸非人間の要素＝法律、制度、設備、道具、動物、システム全般など。このほか、病気や身体の不調など

問題を解決していこうとしている者にとって、「推進要素」は「味方」（同志、協力者）であり、「障害要素」は「敵もしくは相手」（相手協力者）である。

解決していこうとしている者の周りには、関係しているたくさんの者がおり、その周辺に立っている者がいることをよく知り、これらの立場の者たちとの関係を、まずきちんと整理しておかなくてはならない。そのうえで前進を「妨げる立場」のものに対処していくことになるのである。

こうして、「推進する立場（要素）」と「妨げる立場（要素）」との衝突構造を明確にする。この衝突は、はっきりと出ている「顕在的衝突」もあれば、表面上は見えない「潜在的衝突」もある。

いくら努力しても問題が解決しない。そういうことがよくある。これは「妨げる立場」のほうの力より「推進する立場」のほうの力、とくに意欲が弱いときに往々にして起こる。

【問題解決手続き　その二＝衝突構造の把握】

第二に、次の三つの目安に従い、根本的な関係をはっきりさせ、衝突構造を把握する。

❶戦略（目標）をまったく同じくする立場（要素）は「同志」である。一体的共同体をなす。

❷戦略（目標）が異なり不一致の立場（要素）は「協力者」となり得る。妥協や協調を図らなくてはならない。

❸戦略（目標）を基本的に妨げ合う立場（要素）だけが「敵」、すなわち「戦う相手」である。譲り合うことはできず、立ち向かって勝利しなくてはならない。

【問題解決手続き　その三＝困難克服の方法】

こうした関係を見据えて第三に、困難克服の方法に従って戦いを展開していくのである。その際の最重要指針を念頭に置く必要がある。

●指針一　推進要素（味方要素）を結集し、障害要素（相手要素）を孤立・分断させるべし。断じてこの逆をやってはいけない。

●指針二　勝てる条件が揃っているときにのみ直接にぶつかるべし。徹底的に準備を重ね、機を選ぶ。

●指針三　障害要素側（相手）の弱い部分（不利な面）に、推進要素側（味方）の強い部分をぶつけるべし。この逆をやってはいけない。

これらの指針は、孫正義がこれまでに直面して、乗り越えてきた難関克服危機突破の方法から、導き出されたものばかりである。孫正義は、多くの試行錯誤を繰り返しながら、ビジネス戦国時代に生き残るための方法を体得してきているのである。

◆「教師の夢」の挫折とアメリカで誕生した「事業家の夢」

孫正義流の難関突破・克服のノウハウを、具体的に展開してみよう。

孫正義は小学校時代、「将来、学校の先生になる」という夢を持っていた。教師を目指して、教員のコースの大学に入りたいと思っていた。

しかし、在日韓国人の三世だったので、日本の国公立の小中学校、高校の教師にはなれない。中学三年生のとき、このことを知った孫正義は、一瞬、夢を絶たれたような気がして、ドン底に突き落とされたような気持ちになった。

【問題解決手続き　その一＝敵・味方を明確化】

孫正義は「教師になりたい夢」を抱いていた。前途を阻む障害要素（相手要素）は、「韓国籍」だった。日本名を「安本正義」といった。障害要素（相手要素）となった「韓国籍」をもっと掘り下げてみると、本当の障害要素（相手要素）は、

「日本の法律」あるいは「制度」であることがわかった。これは、「非人間の要素」の一種であり、孫正義にとっての「敵」の正体だった。

【問題解決手続き　その二＝衝突構造の把握】

「孫正義の韓国籍 vs 日本の法律」により、孫正義の行く手に大きな障害が立ちはだかったのである。いろいろ調べてもらった結果、国籍云々ということで、どうしても引っかかってしまう。諦めがたいけれども、ここで諦めざるを得ない。孫正義は、「国籍云々で自分の将来が左右されるのは、納得できない」と一週間悩んだのであった。

【問題解決手続き　その三＝困難克服の方法】

根っから明るく楽天的な孫正義は、この困難を何とか突破しようと試みる。父親に向かって、

「国籍を切り替えてほしい」

と言って食ってかかった。日本に帰化するように求めたのである。孫正義は父親

に、お風呂場やトイレまでついていって頼む。すると父親は言った。

「韓国籍でも先生はできるじゃないか」

孫正義は、反論した。

「人間が少ないところで教育してもダメだ、どうせ教えるなら人間が多いところがいい」

しつこく迫り続けた。けれども父親は言った。

「お前の言うことは正しいが、お祖父さん、お祖母さんに言えないから、勘弁してくれ」

このときは頑として応じなかった。孫正義は日本に帰化するのが難しい、国籍がネックになっていてはどうしようもないと、国公立の小中学校や高校の教師になる夢を諦めた。ここで孫正義は次の手を考える。

国籍を無関係に教えることができるのは何かと思いめぐらした。かくて、塾を経営しようと思いつく。孫正義は友人の母親に相談した。

「塾を経営したい。どこか物件はないでしょうか」

すると、友人の母親は、こう答えた。

「安本君、勉強が先、高校に入るのが先ではないの」

孫正義はこのとき、

「そうですか」

と言って帰っていった。ちょうど同じころ、孫正義は中学校の担任の先生にも、

「塾を始めようと思う」

と言って、すでに作成していたカリキュラムを広げて見せている。孫正義は、このころから「経営」に興味を持ち始めるようになった。その大きなきっかけとなったのが、詳述したとおり、高校生になってからのアメリカへの研修留学であった。

「肌の違ういろいろな人種の人たちが、自然な姿、ありのままの姿で生活している。これこそ正義だ」

そう思った孫正義は、「教師になれない」という失望感から次第に解放されていく。欲求不満が解消され、孫正義の心のなかの「問題」が「解決」へと向かった。

アメリカへの研修留学は孫正義に、「事業家」へと向かわせる重要な転機をもたらしたのである。

◆「慢性肝炎」という障害を「ステロイド離脱法」で克服

孫正義は昭和五十八年（一九八三年）春、思わぬ不幸に見舞われた。会社の健康診断で重い慢性肝炎にかかっていると診断され、その後、二年数カ月間も入退院を繰り返す生活を余儀なくされたのである。

ソフト流通会社としてスタートし、すぐさま出版事業に乗り出し、瞬く間にパソコンビジネスの表舞台に飛び出た矢先のことであった。

創業したばかりのことでもあり、体をあまりにも酷使しすぎたのである。食事も睡眠時間も不規則だったので、ものすごく疲労していたのは確かだった。ただ、当時はまだ二十五歳と若かった。このため孫正義は、

「疲れが溜まっているのだろう」

と軽く考えていた。ところが医師からこう言われた。

「すぐ入院だ」

さすがの孫正義も愕然とした。創業間もないベンチャー企業にとって、創業者の病気は、下手をすれば会社の致命傷にもなりかねないからである。

孫正義にとっては、まさに非常事態の宣言でもある。孫正義の人生にとって、最初にして最大の危機であった。しかし、孫正義はこれを次のように克服していった。

【問題解決手続き　その一＝敵・味方を明確化】

孫正義自身は言うまでもなく、事業を「推進する立場」にある。この前途を「妨げる立場」にある「敵」としてにわかに姿を現したのが、「病気＝慢性肝炎」であった。

当時、慢性肝炎は治療法がまだ確立されておらず、不治の病とされていた。慢性肝炎から肝硬変、肝臓癌へと進む危険性があった。最悪の場合、四十代、五十代の働き盛りで突然死するケースも少なくなかった。

【問題解決手続き　その二＝衝突構造の把握】

「孫正義自身の肉体 vs 病気（慢性肝炎）」により、「事業の推進」が著しく妨げられた。

【問題解決手続き　その三＝困難克服の方法】

孫正義自身、「病気を治そう」という強い意志を持って、「病気（慢性肝炎）」と正面から向き合い、病院に入院して治療に専念する。死の恐怖を抱えながら病気の解消を図らなくてはならない。

この障害を克服しようと、孫正義は学術論文を読みあさり、「ステロイド離脱法」という療法を知った。この治療法は、当時まだ開発されたばかりの新しい治療法だった。慢性肝炎を人為的に急性肝炎の状態にし、人間本来の生命力によってウイルスを追い出そうという治療法である。

昭和五十九年（一九八四年）一月、この療法を開発した東京都港区の虎の門病院の熊田博光医師（現在、同病院治験センター長）を優美夫人とともに訪ねていった。このとき、あと四、五年の命と診断された。

だが、熊田医師の治療と孫正義自身の気力により、驚くほどの早さで回復することができたのである。

また、会社に出勤できない孫正義は、病室にパソコン、ファクシミリ、電話を持ち込み、「遠隔操作」という、当時としては極めて奇抜な経営方法を試みて成功する。

その体験をもとに、のちに「孫式超計器飛行経営」を編み出している。得意先など社外の人たちに病気のことを知られるのを恐れ、孫正義は「アメリカへ長期出張」という形でカムフラージュし、うまく隠し通したという。

◆事業のパートナーと対立した場合の克服例

孫正義は、昭和五十六年（一九八一年）九月、株式会社経営総合研究所と五〇％ずつ出資して、日本ソフトバンク（資本金一千万円）を設立した。共同経営である。

孫正義は、その二カ月後、東京・六本木にあったソフトメーカーの最大手であるハドソンの東京事務所に工藤浩副社長を訪ねた。ハドソンが持っていたソフトの大半は、ゲームソフトではあったものの、二百種類ものゲームソフトをハドソンは制作していた。

さらにハドソンは、パソコンの雑誌を発行していた新聞社と電機部品の卸会社にソフトを卸し、市場シェアの九割近くを占めていた。孫正義は、

「日本一のソフト流通をつくろうと思っている」

と言って、初対面の工藤にハドソンの商品の独占的販売を申し込んだ。即答を避けた工藤は、数日後、孫正義に対して、

「取引しましょう」

と返事をした。条件として、独占的販売を契約する前に、五千万円を振り込むことが提示された。

これに対して、孫正義のパートナーである経営総合研究所の内部で、ハドソンとの取引が問題となった。

ソフトであれば何でも販売するという孫正義のやり方に異論が出されたのである。

経営総合研究所は、ビジネス用教育機器やパソコン機器を扱っていたので、この本業との連動を日本ソフトバンクに期待していた。すなわち、ゲームソフトにまで手を広げることには消極的な意見が出された。

また、孫正義が条件として示された五千万円のうち、大半を経営総合研究所に持ってくれるよう求めたのに対して、断られてしまった。五千万円という金額が高す

ぎるうえに、リスクも大きいと警戒されたのである。

こうしたことから、孫正義と経営総合研究所側のあいだで事業への取り組み方をめぐって、路線の違いが表面化したのである。

孫正義は、せっかく「ＯＫ」の返事をもらったハドソンとの独占販売契約、そして五千万円の振り込み、さらに日本ソフトバンクと経営総合研究所との関係をどうするか、という難問を突きつけられた形となった。

そのうえ、急いで決断しなくてはならない。まさに切迫した状況に立たされたのである。この困難をどう乗り越えたらいいか。孫正義は頭を抱えた。

【問題解決手続き　その一＝敵・味方を明確化】

孫正義はソフトメーカーの最大手であるハドソンと「独占販売契約」を結んで、「事業の推進」を図ろうとした。

これに対して、パートナーの経営総合研究所がこれを「妨げる立場」に変わってきた。資本金一千万円の日本ソフトバンクが、いきなり五千万円を振り込まなくてはならなくなったことに財務上の危険を感じたとはいえ、経営総合研究所が孫正義の「敵」に変貌する気配を示した。

【問題解決手続き　その二＝衝突構造の把握】

「孫正義の積極的なビジネス感覚vs経営総合研究所の消極的な経営感覚」という衝突構造により、パートナーシップに亀裂が入り始めた。

孫正義には、「五千万円」を振り込んでもハドソンと「独占販売契約」を結んで攻撃的販売に乗り出すことに、勝算があった。これに理解が得られなかったのである。

【問題解決手続き　その三＝困難克服の方法】

孫正義と経営総合研究所との「共同経営」の維持が難しくなった以上、これを解消するしかない。孫正義は独立を決意した。

その代わり、「五千万円」の振り込みは、孫正義自身が行なう必要がある。また、株式会社経営総合研究所とはケンカ別れではなく、「円満な協議離婚」の形を取るほうが、それ以後に気まずい関係にならないためにも得策である。

孫正義は、ハドソンの工藤副社長から、

「共同経営は絶対に解消したほうがいい」

とアドバイスを受けていた。工藤は孫正義が将来、店頭市場に株式を公開することを目指すなら、いまのうちに共同経営は解消しておいたほうが利口なやり方だという算段をしたのである。

そこで孫正義が経営総合研究所との共同経営の解消を提案したところ、

「資本を買い取ってくれ」

と言われた。孫が、

「どれくらいの金額で買い取ったらいいですか」

と尋ねると、経営総合研究所側は、案を示した。

「額面の三倍だ」

孫正義は思わず「オー」と声に出して驚いてしまった。しかし、孫正義はハドソンへの「五千万円」は親戚などからかき集めて期日までに振り込んだ。そして「資本の額面三倍」のための資金は、後に第一勧業銀行（現・みずほ銀行）からの一億円の融資で充てられている。

こうして、日本ソフトバンク設立からわずか三カ月ほどで、経営総合研究所との提携にピリオドが打たれたのである。これで、難問は一気に解消された。

◆パソコン専門誌に広告掲載を拒否されたときの克服策

日本ソフトバンクが、パソコン用ソフトの流通会社としてスタートした直後に出版事業に乗り出したのは、パソコン情報誌が日本ソフトバンクの広告掲載を拒否したことが大きなきっかけとなった。

まだ創業して一年足らずの日本ソフトバンクの知名度は低く、思いどおりの広告宣伝戦略が展開できなければ、ソフトの流通ビジネスは大苦戦を強いられる。孫正義としては手をこまねいているわけにはいかなかった。この困難な状況を、孫正義は自力で乗り越えようと挑戦したのである。

【問題解決手続き　その一＝敵・味方を明確化】

一般の新聞広告を出しても宣伝効率がよくなかった。孫正義は、『I／O』や『ASCII』、そして『マイコン』といったパソコン専門情報誌で広告を打ちたかった。ところが、これらのパソコン専門情報誌がみな断った。つまり、パソコン専門情報誌が日本ソフトバンクの事業に対して「妨げる立場」を採ったのである。

パソコン専門情報誌のなかには、「孫正義は生意気だ」とか、「孫正義は嫌いだから取引しない」などと「敵対感情」をむき出しにする発行人もいた。

【問題解決手続き　その二＝衝突構造の把握】

「孫正義のパソコン専門情報誌上での広告宣伝意欲 vs パソコン専門情報誌の拒否反応」という衝突構造から、孫正義の日本ソフトバンクは前途を塞がれた。

【問題解決手続き　その三＝困難克服の方法】

既存のパソコン専門情報誌が広告掲載を拒む以上、自らが本格的に出版ビジネスに乗り出す以外に道はない。しかし日本ソフトバンクの幹部社員から猛反対を受けた。

「ソフトの流通事業もまだ軌道に乗っていないのに、二誌同時に月刊誌を創刊するなんてとんでもない」

それでも、孫正義は反対を押し切って月刊誌の創刊を急いだ。それは、ソフトの流通会社として足場を固めるためには、より多くのソフトハウス、より多くのパソコンショップと取引関係を結ぶ必要があったからである。

そのためにはソフトバンク自体を積極的に広告宣伝するしかないと判断したのである。窮余の策であった。とりあえずこれで、「広告宣伝ができない」という難問は解消できたのである。

◆パソコン雑誌の赤字を黒字へ変えるための改革案

パソコン専門情報誌を創刊できたものの、幹部社員が心配していたような事態が発生した。毎月一誌で一千万円、計二千万円の赤字をたれ流してしまったのである。莫大な編集製作費用がかかり、印刷所からは、毎月、洪水のように印刷代の請求書が送りつけられてくる。会社の健康診断の結果、慢性肝炎が発覚した直後のことである。

孫正義は、経営基盤を揺るがしかねないピンチに立たされた。一難去って、また一難である。これをどうやって乗り切るか。

【問題解決手続き　その一＝敵・味方を明確化】

孫正義は、パソコン専門情報誌を二誌発刊し、広告媒体としての機能をフルに活用し、パソコンソフトの販売の拡大を図ろうとした。

それに対して「読者の反応」が鈍く、予想していたようには売れなかった。読者に問題があったわけではない。「敵は、本能寺にあり」ではないけれど問題は、パソコン専門情報誌の中身そのものに潜《ひそ》んでいた。読者の食指を十分に動かすような内容ではなかったということである。まさしく「潜在的な要因」である。

【問題解決手続き　その二＝衝突構造の把握】

「パソコン専門情報誌の大量販売という戦略 vs パソコン専門情報誌が読者の食指を動かすような内容ではない」という衝突構造から、毎月、計二千万円の赤字を出す結果を招いてしまった。

【問題解決手続き　その三＝困難克服の方法】

孫正義は、半年たって抜本的な対策を講じることにした。数万枚の読者カードを全部読んだ。読書カードを読んでいるうちに、大きく六つの問題点が浮かび上がってきた。そこで孫正義は、六つの改革案をパッと打ち出した。

❶値段が高いという声が多かったので、定価を引き下げる。
❷値段の割にページ数が少ないという指摘に応えて、ページ数を倍増する。
❸評判のよくなかった表紙のデザインを一新する。
❹記事中のイラストも不評だったため、別のイラストレーターを起用する。
❺誤字脱字が多いという恥ずかしい指摘が多かったので、徹底的に誤字脱字をなくす努力をする。
❻知名度が低いという声に応えてテレビ宣伝する。

この改革案に対して、孫正義は総予算として一億円を計上した。しかし、孫正義にとって一億円はまだ大金だった。

だらだらと雑誌を出し続けて一億円、二億円の赤字を出すくらいなら、一億円かけて思い切って雑誌の立て直しを図る。それが失敗したらスッパリと廃刊し、手を

引こうと腹を決めた。このピンチに直面して孫正義は、

「最終決戦をやろう」

と一気に勝負に出ることを決断した。心のなかで「Z旗」（決戦旗）を掲げたのである。「ピンチは、最大のチャンスなり」という先人の名言がある。

それでも、「パソコン雑誌としては前代未聞のテレビ宣伝」の費用まで含めると、けっして十分な予算とはいえなかった。

そのためNECの上層部にかけ合い、NECのパソコン、NECのパソコン専門誌と銘打って、NECと共同でテレビ宣伝するようにした。同じ予算で二倍の広告宣伝ができ、そのうえ雑誌の部数が伸びれば、雑誌自体が全ページNECの広告にもなる。NECの上層部から、返事を得ることができた。

「それは面白い。一緒にやりましょう」

これが運よく大当たりしたのである。それまで毎月五万部刷って八割以上返本だったのが、十万部刷ったのに二、三日で売り切れ、その月から出版事業は一気に黒字に転換したのである。

た。

◆ピンチのときにこそ、「革新的なもの」は生まれる

ところが数年後、出版部門が再び低迷し、発行している八誌中七誌が赤字になった。

【問題解決手続き　その一＝敵・味方を明確化】

事業を拡大していくと、全体の事業の各部門ともに、それぞれの細かい内容が見えにくくなる。あるいは目が届かなくなる。低迷している部門があっても、「低迷の原因」を見過ごしてしまい、その結果傷口が広がり、経営が深刻な状態に落ち込んでいく。

日本ソフトバンクも、発行するパソコン情報専門誌が増えるにつれて孫正義の目が届きにくくなり、ついに、八誌中七誌が赤字になってしまった。

孫正義自身、経営の実態をつかまえにくい状況が生まれていたのである。これは「システム内部」に問題が生じていたのが原因だった。つまり、赤字を生み出す障害が「システム内部」にあったということである。

【問題解決手続き　その二＝衝突構造の把握】

「孫正義の事業拡大意欲vs組織が拡大するとシステムが複雑化する」という衝突構造が生まれてくる。その結果、「システムの複雑化」が経営の足を引っ張り「妨げる立場」に変質してくる。

【問題解決手続き　その三＝困難克服の方法】

そこで孫正義は、発行している八誌の全部を個別に細かく分析し手を打った。すると、半年後に一誌を除いて黒字化してきた。依然として赤字を出していた残りの一誌は廃刊にした。腐ったりんごを廃棄処分したようなかたちである。

この経験から孫正義は、

「部門を細かく分けなければ経営の実態はつかめない」

と気づいた。この考えを発展させて生まれたのが「チーム制」である。やがてしっかりした制度としてシステム化され、整備されることになる。

まさに、「ピンチは、最大のチャンスなり」である。

◆三百年後の人々に感謝されるために「闘」う

では、孫正義はなぜかくも「闘」えるのか。言い換えれば、何のために「闘」っているのか——。その問いに対する答えを、孫は「ソフトバンクアカデミア」開校式の講義のなかで明快に述べている。本章の最後に引用しておこう。

「トヨタの創業者だって、松下幸之助さんだって、本田宗一郎さんだって、ヘンリー・フォードだって、ロックフェラーだって、ビル・ゲイツだって、スティーブ・ジョブズだって、みんな闘って、ライバル会社をなんとか出し抜いて、闘って闘って闘い抜いて、そして自分の、人々を幸せにするという理念を実現させていったわけですね。だから、闘うということはビジョンを実現させると。闘いイコールビジョンだと、ビジョンイコール闘いだと、そういうことです。

単に、いつでもかんでも闘いましょうということではない。それはビジョンを実現させるために、そのビジョンは理念を実現させるために闘わなきゃいけないということですね。総務省とも闘わなきゃいけないときもある。相手が首相であろうんだ。それは何のために闘うんだ。高い志、理念、それを実現させるために。そういうビジョンを実現させることによって、本当に人々が結果的に、最終的にですよ、十年後か、二十年後か、百年後か、来月の幸せのためにじゃなくて、五十年後、百年後、三百年後の世界中の人々の幸せのために。

龍馬が脱藩するときに近所の人に迷惑をかけたよ。家族にも迷惑をかけたよ。藩にも迷惑をかけたよ。半年や二、三年迷惑をかけても、時にはしょうがない場合もある。非常にこれは難しいことなんですけどね。でも、それは心の奥底に、本当に人々に幸せになってもらいたい。本当に自分たちが生き残ったら、闘い抜いて生き残ったら、最終的には百年後、三百年後の人々に本当に感謝される、そういうことをやるという決意があったならば、少々の批判は覚悟のうえで、もちろん悪いことはしちゃいけないよ、ライバルに勝つと。これは事を成すために、事業家、革命家はやらないかんと。時としてそういうときがあるということであります。命を賭けて闘って初めて事が成せる、ということであります」

第7章

「風林火山海」の実践と応用

状況に応じて変幻自在に闘う

◆貴重な時間を一瞬たりとも無駄にはできない

いよいよ最後の第五段目の**「風林火山海」**にたどり着いた。

この段は、「戦術＝戦（いくさ）のやり方」について述べている。武田信玄の旗印としても知られる有名な「風林火山」という言葉は、『孫子』の「第七 軍争篇」に出てくる言葉である。

では、一字ずつ見ていこう。

まず、一文字目の**「風」**〈疾《はや》きこと風の如く。動くときはスピーディーに〉。

日進月歩のデジタル情報分野で世界一を狙う孫正義にとっては、スピードが肝要である。もたもたしていては命取りになる。貴重な時間を一瞬たりとも無駄にはできない。

孫正義の時間は、普通の経営者と比較すると、何倍もの速さで進んでいる。これを道路に例えるなら、普通の人が一般道路を走っているところを、孫正義は高速道路を突っ走っている状態なのである。

孫正義は、情報革命の旗手として、「風のように素早い行動を取れ」と自らを奮い立たせるとともに、全社員に大号令をかけ、常に時代の先頭に立って進軍してきた。

孫がパソコンソフトの流通販売事業に本格的に乗り出して十四年後の平成七年（一九九五年）、マイクロソフト社の創業者ビル・ゲイツが最新のパソコンソフト「ウィンドウズ95」を世界に同時発売、「IT元年」と言われた。パソコンとインターネットが現代人の必需品となり、日本人には、明治維新以来「三度目のパラダイムシフト」（二回目は一九四五年八月十五日の敗戦後）が求められるようになった。

この価値観の大変化に素早く、敏感に反応した一人が孫正義だった。

平成八年（一九九六年）一月、インターネット情報検索サービス「ヤフー」の日本法人「ヤフー株式会社」を設立。平成十三年（二〇〇一年）六月には、ブロードバンド総合サービス「ヤフーＢＢ」を発表。そして平成十八年（二〇〇六年）三月、ボーダフォン・グループＰＬＣと日本法人の「ボーダフォン株式会社」の買収について合意。この間わずか十年二カ月という文字通りめざましいスピードだった。

さらに平成二十二年（二〇一〇年）には、「電子書籍元年」と言われる第四回目のパラダイムシフトが起きた。従来の「紙媒体」主流の時代から「電子媒体」主流時代への大転換が発生した。孫正義は、この革命的変化にもやはり、風のように素早い行動を取ったのである。それが同年五月からのアップル社製『iPad』の販売であった。

◆マスコミの目をくぐり抜けて、水面下で活発に動く

次の二文字目の「林」〈静かなること林の如く。水面下で重要な交渉事を進めるときは、林のように静かに極秘に進める〉は、「孫子の兵法」では「軍隊が待機しているときは、林のように静かに」という意味である。

日進月歩を続けているソフトバンクには、「待機している暇」はないのだが、外目には、動きがよく見えないときがしばしばある。

しかし、そのあいだは、次の「攻撃」のために、じっくり準備して、虎視眈々《こしたんたん》、タイミングを計っているときなのである。

たとえば、前述したダイエーホークスを買収したときの動きは、「奇襲攻撃的」な素早さで、文字どおり孫正義の「行動力とスピード」を国民の目に印象づけたが、その寸前までは、「林」の如く、表向きは静かだった。

しかし孫正義は、水面下でマスコミの監視の目をくぐり抜けて、活発に動いていたのである。

孫正義は、ソフトバンクの企業イメージ、ブランド力を高める手段としてプロ野球に関心を持っていた。無名企業だったオリックスも、プロ野球の阪急ブレーブス（現オリックス・バファローズ）を買収したことで一気に知名度が上がり、宮内義彦オリックス会長兼球団オーナーは、行革推進本部・規制改革委員会といった政府の各種諮問機関の常連委員になったほどだった。孫正義は、宮内義彦をよく知っている。あおぞら銀行（旧・日本債券信用銀行）を共同経営した仲だからである。

ソフトバンクは平成十五年（二〇〇三年）、ヤフーなどの関連企業を使って、プロ野球パ・リーグのオリックス・ブルーウェーブ球団の本拠地球場、グリーンスタジアム神戸の命名権を二年間二億円で買い取り、同球場を「ヤフーBBスタジアム」と改名した。同球場でのプロ野球の試合は年間約七十試合あり、宣伝効果は絶大である。いまやパソコンを持たない、ヤフーやソフトバンクのサービスをまったく利用しない人のなかでも「ヤフーBB」の名前はよく知られている。

孫正義にダイエーホークスを手に入れる絶好のチャンスをまんまと与えたのは、ライブドアの堀江貴文社長だった。堀江は、合併によって事実上消滅する近鉄球団の再生や雇用不安に陥る選手たちの救済を大義名分として、近鉄に球団買い取りを申し出て、労働組合「プロ野球選手会」やファンの支持を得た。だが、近鉄に断られてしまった。国民の多くは、この騒ぎに気を取られていた。

そんななか、ダイエーが十月十三日に再生機構に入った。孫正義はその五日後の十月十八日、ホークス買収の申し入れをし、麻生渡福岡県知事と鎌田迪貞《みちさだ》九州電力会長に会った。

そのころ、仙台では楽天とライブドアがまだ揉めていた。楽天の三木谷浩史社長は、ダイエーが再生機構に入るのを知っていながら待てず、仙台に目をつけ、こだわっていた。

一方、孫正義は、再生機構にダイエーが入った四日後に手を挙げて買収工作を始めたものの、福岡財界のなかでNTTや九州電力など二十社ほどが反対したので、この障害を何とか突破しなくてはならなかった。そこで、孫正義は、記者団に気づかれないように隠密行動して、福岡財界の説得工作に入った。一生懸命に説明した。

「どうしてもホークスをほしい。迷惑をかけないし、必ず強くする。このままではホークスは弱くなる」

最後の殺し文句は、

「名乗りを上げたが、地域がダメだと言うのであれば、私は引きます」

というものだった。

平成十六年（二〇〇四年）十一月二十日ごろまでに買収できないと、平成十七年（二〇〇五年）からソフトバンクホークスとして活動するには時間がなかった。野球協約では間に合わないからである。

ところが、孫正義は、ホークス買収の鍵を握っているのが、アメリカのロサンゼルスに本拠を置く不動産投資会社「コロニー・キャピタル」(日本の拠点=東京都千代田区丸の内、増井利夫駐日代表)という外資系ファンドだと見抜いた。孫正義は、締め切りの十一月二十日までの一カ月間にアメリカとのあいだを五回くらい往復した。買収までには、すべての書類を整えなくてはならなかったので、全力を投球した。

さらに福岡財界とのあいだで折衝中、孫正義は「キーパーソンは王貞治監督だ」と見抜き、東京に帰るや王監督に会い、「ゼネラルマネージャー」就任の了承を取り付けた。これで孫正義に軍配が上がった。まさに「機を見るに敏」で、スピードの速さは電撃的であったという。

◆グーグルとの提携交渉も「林の如く」に

ところで、平成二十二年(二〇一〇年)七月二十七日、ヤフーの日本法人は、「ヤフー・ジャパンの検索サービスにおいて、グーグルの検索エンジンと検索連動型広告配信システムを採用する」と、突如発表した。これはヤフーが、競争相手であるグーグルの検索エンジンを取り入れるということである。

ヤフーの日本法人は、一九九六年に米ヤフーとソフトバンクの合弁により設立。現在、ソフトバンクが筆頭株主で約四割の株式を所有している。ヤフー日本法人の取締役会長を務める孫正義に対して、「呉越同舟の道を選んだ」と一部マスメディアが報道し、注目された。

この発表の翌日に行なわれた「ソフトバンクアカデミア」開校式の講義で、孫は突然の「グーグルとの提携発表」について次のように触れた。

「昨日発表があったけれども、ヤフー・ジャパンがグーグルと提携するに間違いないと思ってた人、手を挙げて。いないでしょ。（中略）まさか、もう半年以上も前から交渉していたというのは知らないでしょ。当然、極秘でやってたから。ほんの少人数しか知らない。でも、もう半年以上ですよ。もうほとんど毎週、ずーっと交渉してて」

◆危機一髪の経験をし、改めて「林」の重要性を痛感

続けて、孫はこうも語っている。

「アップルの『iPhone』、ドコモだ、auだと言って、社長がなんかいろいろマスコミとかで言ってたけど。いまから数えて六年ぐらい前から（私が）交渉を開始していたのは知らなかったでしょ。だから、やるときは深く静かに、超極秘で。そーっとやらなきゃいけない」

「ソフトバンクモバイル、すなわち孫正義が、『iPhone』の日本での販売権獲得を目指してアップル社と交渉をしているのではないか」という噂は、長いあいだ囁《ささや》かれていた。しかし、孫はまさに「林の如く」、水面下で密かに交渉を進めていた。

ところが平成十八年（二〇〇六年）五月、一部の報道機関が「アップル社とソフトバンクが提携し、年内にiPod内蔵携帯（いわゆる『iPhone』のこと）を発売する」とスッパ抜いてしまった。このことを知ったアップル社のスティーブ・

『iPhone』日本発売の約1カ月前（2008年6月）、孫正義とアップルのスティーブ・ジョブズCEOはがっちり握手。孫はまさに「林の如く」水面下で密かに交渉を進め、『iPhone』の販売権獲得に見事成功した
写真提供：共同通信社

ジョブズCEOは、日本での情報漏洩に激怒。提携話は一時白紙になった。

慌てた孫正義は翌年一月、アップル社から招待されていなかったのに渡米して『iPhone』の発表会に出席し、ひたすら陳謝したといわれている。以降、『iPhone』についてメディア関係者に何を聞かれようが「ノーコメント」を貫き通した。さらに、日本国内の販売に関する協議でもドコモとは違う柔軟な姿勢を示すなど、『iPhone』販売に賭ける熱意を見せて、ようやくスティーブ・ジョブズCEOの理解を得ることに成功したのである。

そして平成二十年（二〇〇八年）七月十一日、『iPhone』（3G）は日本を含む二十二カ国で同時発売され、大ヒット。販売権を獲得したソフトバンクモバイルは『iPhone』によって飛躍的に新規契約者数を増やし、シェアをさらに大きく拡大させた。

孫はこの危機一髪の経験を通して、改めて「林」の重要性を痛感したに違いない。だからこそ、「**やるときは深く静かに、超極秘で。そーっとやらなきゃいけない**」という言葉が出たのだろう。

◆事業拡大のためには「全部やる」

三文字目の「火」〈攻撃するときは火のように激しく〉に進もう。

世界一を目指す孫正義は、事業拡大にもちろん意欲的である。常に「侵掠《しんりゃく》（侵略）すること火の如く事業を拡大せよ」と号令をかけてきた。孫は発明のプロセスと同じように、事業拡大には以下の三つのパターンがあるという。

❶従来の事業の絶対額を大きくしていくパターン。

❷まったく新しい事業に乗り出すというパターン。自分自身が新規事業を起こす場合もあれば、M&Aによって別の企業をグループ化したり、別の会社と提携して新しい会社を起こすこともある。

❸会社の一部を分離独立させていくというパターン。

この三つのパターンのうち、どれを選択すべきか。孫正義が出した答えは、「全部やる」

であった。とにかく拡大していきたい。そのためには、考えられるすべてのパターンで攻めていくしかない。

孫正義はまさに「火の如く」、さまざまな事業拡大にチャレンジしてきたのだ。

◆八百億円で世界最大のコンピュータ見本市「コムデックス」を買収

孫正義は過去に、世界最大規模のコンピュータ関連見本市「コムデックス」（今は開催されていない）を買収したことがある。イベント会社「コムデックス」は米国インターフェース社の展示部門だった。

平成五年（一九九三年）十月、孫は当時財務経理部長だった小林稔忠をラスベガスで開かれる「コムデックス」の展示会場に連れていった。そこで孫は、

「僕は、これ（コムデックス）を買収したいんだ。絶対にこれがほしいんだ」

といきなり興奮気味に話し始めたという。

その後もずっと買収意欲を燃やし続けていた。そして約一年後、孫正義はカジュアルなオープンシャツ姿でインターフェース社に現れ、総責任者をしていたジェイソン・チャドノフスキー社長に会った。そこで孫正義は、

「コムデックスを買収したい」

と申し込んだ。ジェイソン・チャドノフスキー社長が驚いたのは言うまでもない。社長を含めた六人の重役全員が、

「こいつはいったい何者だ」

と言って、啞然《あぜん》として顔を見合わせたという。

そのころ、ソフトバンクのほかに四社が買収を申し込んできていた。買収の交渉に来たトップはみなスーツ姿でやってきていた。それだけに孫正義のラフな格好に一瞬戸惑ったのである。

コムデックスの社長であるチャドノフスキーが、孫正義に聞いた。

「買収するカネはあるのか」

「いまはないが、将来はある」

こう答えると、さらに聞いてきた。

「なぜ、コムデックスがほしいのか」

孫正義は、即答した。

「私はコンピュータ業界に骨を埋める。コムデックスが好きなのだ」

この言葉に、ジェイソン・チャドノフスキー社長をはじめ、六人の重役全員が感銘を受けた。孫正義はコンピュータ業界のことを隅から隅までよく熟知している――。

孫の買収の申し込みが冗談ではないとわかると、経営陣の全員がソフトバンクに売ることに賛成した。こうして孫正義は平成七年（一九九五年）、約八百億円でコムデックスを買収したのである。

◆ビル・ゲイツの言葉に刺激され、ジフ・デイビス社買収を決断

孫正義はビル・ゲイツに会うためにアメリカに行ったとき、ビル・ゲイツから一冊のパソコン雑誌『ＰＣウィーク』を見せられ、大きな驚きとともにものすごい衝撃を受けた。ビル・ゲイツは孫正義にこう言った。

「これは、世界最高のパソコン関連雑誌です。この雑誌にどのように掲載されるかで、その商品の売れ行きやその後の価格が決まる」

この言葉に刺激されて、孫正義はアメリカのＩＴ関連出版社であり、全米を代表するテクノロジー・アナリスト集団として知られていたジフ・デイビス社を手に入

れることを決めたのである。ソフトバンクは平成六年（一九九四年）七月、店頭公開を果たし、上げ潮の勢いに乗って十月には千四百億円の金額を提示し、ジフ・デイビス社の買収に正式に名乗りを上げたのであった。

このときはソフトバンク以外には名乗りを上げる会社はないということだった。このため孫正義は、資金繰りに駆けずり回り、そのことに没頭した。

ところが、油断大敵である。孫正義の眼前に、アメリカの投資会社であるフォースマンリトルが突如、名乗りを上げてきた、強敵が現れたのである。しかも、孫正義よりも五十億円高い千四百五十億円の現金を用意してジフ・デイビス社をさらってしまった。

それでも孫はあきらめない。平成七年（一九九五年）十一月には、ついにジフ・デイビス社の買収に成功する。ちなみに、このジフ・デイビス社買収のとき、孫正義は初めて「レバレッジド・バイアウト」（ＬＢＯ）という企業買収の手法の一種を使っている。ＬＢＯとは、買収先の資産およびキャッシュフローを担保に負債を調達し、買収後に買収した企業の資産、キャッシュフローなどで返済していくM&A手法である。孫正義は、後にこのＬＢＯ手法で一兆七千五百億円を調達してボーダフォン買収に成功している。

◆創業したばかりの「ヤフー」に百億円投資

孫は最近、「ジフ・デイビス社の買収には二千三百億円かかった」と明かしている。当時のソフトバンクの企業規模を考えれば、とんでもない額の投資だ。しかしこれによって孫は、ある一つの大きな宝を見つけることになる。それは、アメリカのインターネット検索サービス会社「ヤフー」だった。

「孫さん、面白い会社があるから行ってみるか？　急成長している会社だから、ジフ・デイビス社として出資しようと思っているのだが、会ってみないか」

あるとき、ジフ・デイビス社の社長はそう言って孫正義をヤフーのオフィスへ連れていった。当時、ヤフーは従業員がわずか十数名で、月に約二千万円もの赤字を出す会社だった、しかし孫正義はジフ・デイビス社の分析に基づいて、ヤフーに百億円を投資して筆頭株主になるという大英断を下したのである。また平成八年（一九九六年）一月には、ヤフーと合弁で日本法人「ヤフー株式会社」を設立した。

ヤフーは当時、コンピュータの世界ではすでに有名だった。ヤフーのある西海岸に着いたのは夜中だったという。ヤフーのオフィスを訪問すると、創業者の一人であるジェリー・ヤンが、

「ちょっとこれを見てくれ」

と、机の上に高々と積まれている資料を指した。すでに日本の大企業三十社ほどからヤフーを日本法人にしたいという申し出が来ていた。そのプレゼンテーションのための資料だった。

ジフ・デイビス社の社長は、レストランでディナーを予約していた。しかし、もう面倒だからピザでも食べにいこうということになった。孫正義は、いつもスーツを持っていってはいるが、たいていはラフな格好でビジネスをしている。

このとき孫正義と同行したのは、現在のヤフー・ジャパン社長の井上雅博だった。彼らは夜中にピザを食べながら話をして、すっかり意気投合してしまった。そして一緒にやろうということになった。そのとき、ジェリー・ヤンともう一人のヤ

フー創業者であるデヴィッド・ファイロは、日本でやる場合には孫正義と一緒にやったら絶対に成功する、と思ったのである。

日本の大企業のなかからやってくるビジネスマンは三十社近く、それらのほとんどの人がスーツにネクタイをきちっとしめたお決まりのスタイルでヤフーを訪れ、多くの資料を前に交渉を進めていた。そうした話をさんざん聞いた後にいきなり、ノーネクタイのラフな格好の孫正義と井上雅博が、何の資料も持たない手ぶらでヤフーにやってきた。しかも、食事はピザとコーラだけである。

ヤフーの二人が、日本から来た会社のなかで、ベンチャーだと思ったのはソフトバンクだけだったのはいうまでもない。結局、ヤフーは最後に来たソフトバンクと提携することになった。

孫正義は、西海岸でこういう人たちとずっと付き合ってきていたので、感覚がよくわかっている。こういう人たちに日本式のスタイルで交渉しても、パートナーにはなれないことをよく知っていたのだ。

◆表面的には「山の如く」泰然自若として、水面下で必死に努力する

続いて「山」〈動かざること山の如し。守るときは山のように微動だにしない〉は、文字通り、「泰然自若《たいぜんじじゃく》」と構えているという意味である。

「守るとき」というのは、業績不振に陥ったり、赤字経営になったり、あるいは、株価が下落したりするときのことである。こんなときは、経営トップは、うろたえたり、判断ミスを犯したり、部下を怒鳴り散らしたりしがちである。そこをグッと堪えて、冷静に打開策を探し、経営再建に努めなくてはならない。

孫正義も、創業以来、何度も苦境に立たされてきた。しかし、そのたびに「動かざること山の如し」という姿勢を堅持することによって、取引先や株主たちに動揺を与えず、ひたすら努力している姿を見せることにより、安心感と信頼感を与えてきた。もちろん、その裏では、血みどろになって打開策を探し、活路を見出すのに懸命になっていた。

「ソフトバンク新30年ビジョン」のスピーチのなかで孫正義自身、次のように吐露している。

「ＡＤＳＬ事業を開始したころ、三千億円もの累積赤字を一瞬で出してしまいました。あのときは株主総会でも、皆さんから『もう理屈はいいから株価上げろ！』とお叱りを受けました。『私の主人が遺《のこ》してくれた退職金、遺産をソフトバンクにすべて投じました。信じているから、何としても頑張ってください』と励まされもしました。涙が出ました。

『何としても頑張らなきゃいかん、何としても歯を食いしばって頑張るぞ』という思いで、そのどん底からまた這い上がって、何とかここまでやってきました。その赤字のどん底から這い上がって、昨年度の業績では、営業利益が日本で三位というところまできました」

平成二十一年度（二〇〇九年度）に営業利益が日本で三位になるまで、孫正義は弱音を吐くことなく、表面的には決してジタバタせず、山のように泰然自若としていた。しかし、アヒルの水かきのように、水面下では血のにじむような努力を続けていたのである。

◆「風林火山」の後に「海」という文字を入れた理由

最後の「海」は、孫正義のオリジナルである。

なぜ孫正義は、「孫の二乗の法則」の最後にこの一字を入れたのだろうか。前出の『プレジデント』（一九九七年一月号）のインタビュー記事で、その理由について次のように説明している。

「最後に次の『風林火山海』の五文字は、闘いを展開するやり方、戦のやり方である。武田信玄が旗印にしたことで有名な『風林火山』の四文字は、『孫子』の軍争篇三にある。これは最前線における、実に見事な闘いぶり、前線指揮のありようを示している。

『孫子』では、この四文字の後に、『動くことは雷《いかずち》の震《ふる》うが如くにして』と続くが、私には、それはどうでもいい枝葉末節に見える。孫子もここでは重視すべき順を間違えたのではないか。

それなら、私がバージョンアップしようと、あえて風林火山で止め、次に『海』の字を入れた。風林火山で怒濤《どとう》の如き戦いが終わっても、まだ戦は完結してないと。戦いが終わった後には、平定する仕事が残っている。

この、平らげるというイメージが、私の頭の中では海のイメージに繋がっている。広く、深い海がすべてを呑み込み、平らげて、初めて戦が完結するのだ。最終的には秩序をもたらし、攻めた国、市場を治めるところまで持っていくべきなのである。

ともすると、上杉謙信のように、美しい戦いをしようと、戦そのものに芸術性や人生の価値を求めて散っていった武将の戦いを美化して語り継ぎ、それに酔いしれる人も少なくない。

だが、私は少なくとも、勝つ確率が低い新規事業にチャレンジし、劇的に勝ったという意味で拍手喝采を浴びる必要など全く感じていない」

◆孫正義が「海」の境地に入るのはまだ遠い先である

ソフトバンクの平成二十一年度（二〇〇九年度）の連結決算は、売上高二兆七千六百三十四億円、営業利益四千六百五十八億円　経常利益三千四百九億円　当期純利益九百六十七億円だった。三兆円に迫る売上高を確保し、営業利益、経常利益ともに黒字を出している。

日本企業の連結営業利益ランキングでは、トップのNTT（一兆千百七十六億円）、第二位のNTTドコモ（八千三百四十二億円）に続く第三位に位置している。『iPhone』の販売と、飛躍的に新規契約者数を増やしたことなどが貢献した。

しかし孫は、決していまの業績に満足しているわけではない。「人生五十年計画」どおり五十代で「ある程度事業を完成」させたいまも、「平成二十六年度（二〇一四年度）までに純有利子負債をゼロにする」という目標に向けて邁進している。

孫正義が「海」の境地に入るのは、まだまだこれからである。

◆「孫の二乗の法則」は孫正義にとっても永遠のテーマ

仮に孫正義が、「海」を感じる境地に到達できたとしても、孫正義はおそらく、その境地にどっぷり漬かって満足してはいないだろう。企業が進化を止めてしまったのでは、終わりである。「日に新た」という言葉があるように、世の中は常に、日進月歩、進歩、進化しているからである。日々、進化していかなければ、時代に遅れて自滅してしまう。

これから、新たな三十年を目指し、努力していく決意を固めているのは、言うまでもない。とくに国内では、光ファイバー回線による「光の道」構想を一刻も早く実現し、小中高校では電子教科書化、医療界では電子カルテ化を進めるとともに、海外戦略では、すでに奪い合いが始まっている「アジア」市場に向けて販路を拡大していく。

「ソフトバンクアカデミア」開校式の特別講義の終盤、孫は次のように力説した。

「これ（『孫の二乗の法則』）**は一回僕から話を聴いて、理解した、納得したということで終わっちゃいけない。そんな甘いもんじゃない。**二十年、三十年、百年かけて心底、腹の底から理解できたと、実力が身についたと、実践ができたといって初めて、真のリーダーになれると。永遠のテーマだと。僕自身、まだ、実際に達成できているというふうには思っていないと。満足していないと。まだその途上だということであります。

このアカデミアでこれからずっとやっていくのは、この二十五文字の『孫の二乗の兵法』、これをいろんな応用編で、いろんなテーマで噛《か》みくだいて。それから皆さんのプレゼンとか、皆さんのアイデア、議論、そういうなかで生かしてほしい。そして、心底身につけてほしいと。

いろいろ、いままで僕は何千冊の本を読んで、あらゆる体験、試練を受けて、この二十五文字で、これを達成すれば、到達すれば、僕はリーダーシップを発揮できる。後継者になれる、本当の統治者になれるというふうに心底思っている、その二十五文字です。

本当はこれはね、会社の経営者、事業家というだけじゃなくて、大学の学長でも、大統領でも、みんな当てはまる。リーダーシップ、リーダーが持つべき素養としての、戦いに勝つための二十五文字だというふうに思っています」

そして孫正義は最後に、

「常に考え続けよと。少なくとも僕は常に考え続けている。そういう執念、信念、これがないとリーダーにはなれないということであります。志し高く。頑張りましょう。ありがとうございました」

と語り、約二時間にわたる講義を終了した。

おわりに　「孫の二乗の法則」があなたの人生を大きく変える

本書は、平成十九年（二〇〇七年）七月に出版した『孫の二乗の法則』（サンガ）を、大幅に加筆・修正して文庫化したものである。本書を最初に出版したとき、私はその「あとがき」で次のように書いた。

「孫正義はいまや、青年実業家として早くも『日本一の億万長者』になり、しかも世界的な経営者の仲間入りを果たし、高名を博している。つまり、『五十歳』を待たずに、『功なり名を遂げた偉大人物』となったのである。

それでも、少年のころに抱いた『将来、学校の先生になりたい』という夢は忘れていないのである。ソフトバンク・グループ会社の社長や経営者志望の若い人たちを「教え子」として、自らが経営という実戦の場で体得した経営哲学や理論、方法などを伝授していこうとしているのである。

そのとき、孫正義が一番に教えるのは、『事業（人生）五十年計画』の立て方と、その計画を実行するときの『経営指針』『マニュアル』としての『孫の二乗の法則』であろうことは、間違いない」

それからちょうど三年後の平成二十二年（二〇一〇年）七月二十八日、孫正義は「ソフトバンクアカデミア」を立ち上げ、その開校式で「孫の二乗の法則」について講義した。

いまを生きているとくに若い世代は、幸せである。インターネットで検索すれば、「孫の二乗の法則」の二十五文字の定義をすぐに知ることができるからだ。また、孫正義の「ソフトバンクアカデミア」開校式での講義も、インターネット上で簡単に見ることができる。

それでも、それを実際にどう活用すればよいかとなると、**インターネットの記事を読んだり、孫正義の講義を聴いたりするだけでは不十分**である。やはり孫正義のこれまでの人生と事業歴を時系列でトレースしながら、「孫の二乗の法則」をいかに実践してきたか、そして幾多の難関をいかに突破し、今日の孫正義とソフトバンクを築いてきたかを、ケーススタディとして学ぶ必要がある。

その点に主眼を置いた本書は、すでに「孫の二乗の法則」の概要を知っている読者にとっても、大いに価値のあるものであると確信している。

ところで、何かと日々の生活のめまぐるしさに押し流されて、時間をムダに過ごしていると、後悔の日々を送ることになってしまう。過ぎ去った時間は取り戻せないからである。また、時間には限りがある。

有限な一生を悔いなく有意義に過ごそうと思うなら、まず、何を志して世に出て、世のため、人のため、そして何より自分のために何事を成し遂げていくかを決めなくてはならない。

多くの人々の経験論で言えば、小学生のころ、将来の自分が目指すべき職業や仕事がぼんやりと浮かんでくるものである。「あの人のようになりたい」という憧れの人物が現れることもあるだろう。

だが、たいていの人は、進級、進学、就職に直面して、その都度、目の前の課題を乗り越えることに追われて、いつの間にか、「本当の自分」よりも「偏差値」や

「親や恩師、友人などの期待」に応えることを優先するようになる。ほめられたり、自分の周りから評価されて優越感を感じたいと思うからである。この結果、「本当の自分」と「他人依存の自分」とが分裂して、いつの間にか「偽りの自分」のまま人生を送ってしまう。

だから、「本当の自分」を生きようと思うなら、静かに自分を見つめ、「あの人のようになりたい」という夢を膨らませて、うっとりしなくてはならない。そうすれば、それが自ずと「志」という明確な形を取り始める。

ここから「人生設計」というものを考えるようになるのである。「あの人のように」の「あの人」を代数的に「X」と置いてみよう。そして、「X」が正解であると仮に考えて、逆算し、「X」にたどり着くための計算式を割り出すのである。

これが、人生や職業、事業の「時間軸」（タイムスケジュール）になっていく。孫正義の場合は、「人生五十年計画」がまさにこれに当たる。

ただ、計画だけでは、志を実現することはできない。人生や職業、事業を「構造的にシステム化」して見ていく必要がある。**志を実現するためのシステム**と言い換えてもよい。孫正義は、これを「理念、ビジョン、戦略、将の心得、戦術」という形でシステム化し、二十五の漢字を組み合わせた文字盤にまとめ、「孫の二乗の法則」と名づけたのであった。

「人生五十年計画」が縦軸であるのに対し、**「孫の二乗の法則」は横軸**であり、縦糸・横糸が織り成す人生や職業、事業を美しく彩ってくれるようになるのである。

「人生いろいろ」という歌ではないが、人々が抱く夢や志は個々人によりさまざまであり、優劣はつけられない。先人の教えの一つに「桜梅桃李《おうばいとうり》の原理」というのがある。「桜梅桃李」は、一見同じような木に見えながら、それぞれがみな違っている。個性も能力も、抱いている夢も生き方も違うのである。桜が、いくら逆立ちしても梅や桃や李《すもも》にはなれない。梅、桃、李も同様である。

だから、お互いに相手と比較して、優劣を競い合うのは、何の意味も持たない。また、他人を嫉妬したり、恨んだりしても無駄なことである。「桜梅桃李」は、それぞれが、「天」から与えられた五体や個性、資質や能力を全開させて、個々人が、各々の「夢」を実現していくしかない。

この教えに従って、悔いのない人生を送っていくためにも、孫正義が開発した「孫の二乗の法則」は、大いに役立つ。**これを活用するか、見過ごしてしまうかで、あなたが「楽しみの人生」と「嘆きの人生」のどちらを選び、歩んでいくか、大きく変わってくる。**まさに「分かれ道」となるのである。

願わくば、「夢の実現」、言い換えれば、「自己の実現と完成」という「楽しみの人生」をまっとうしたいものである。「楽しみの人生」をまっとうした者こそ、「真の勝利者」となることができるのである。

本書を制作するに当たり、取材とデータ収集は全国マスコミ研究会代表の海野美佳さんから協力を得た。お礼を申し上げる。

最後になってしまったが、本書の文庫化に際して、終始、陰になり日向になり、お世話いただいたＰＨＰ研究所文庫出版部の中村康教さんに心より感謝申し上げたい。

平成二十三年三月

板垣英憲

参考資料

【書籍】
『孫子訳注』（郭化若訳注、立間祥介監訳、韓昇・谷口真一訳、東方書店）
『孫子の兵法入門』（高畠穣著、日本文芸社）
『統帥綱領』（大橋武夫解説、建帛社）
『ソフトバンク　新30年ビジョン』（ソフトバンク　新30年ビジョン制作委員会編、ソフトバンク　クリエイティブ）
『孫子の兵法』（守屋洋著、三笠書房）

【雑誌・WEB】
『プレジデント』（平成九年一月号、二十二年十月四日号、二十三年三月七日号）
『月刊経営塾（現・月刊BOSS）』（平成八年九月号）
『経済界』（平成八年十二月二十四日号）
『Newsweek』（平成八年九月十一日号）

『WIRED』（平成九年二月号）
『文藝春秋』（平成八年十一月号）
『ベンチャーマガジン'97』（『週刊東洋経済』臨時増刊　平成八年十一月十三日号）
『実業の日本』（平成八年十一月号・十二月号、九年二月号・三月号）
『AERA』（平成九年三月十七日号）
『日経ビジネスオンライン』（平成二十年六月五日「念願のiPhoneを獲得した舞台裏　ソフトバンク、トラウマ乗り越える」）

【動画】
「ソフトバンクアカデミア開校式・戦略特別講義「孫の二乗の兵法」」
(http://www.ustream.tv/recorded/8563102)

本書は、二〇〇七年七月にサンガより刊行された作品を大幅に加筆、修正したものである。なお、本文中の組織名・役職名などは一部当時のままのものを使用している。

著者紹介
板垣英憲（いたがき　えいけん）
政治経済評論家。1946年、広島県呉市生まれ。中央大学法学部卒業後、海上自衛隊幹部候補生学校を経て、毎日新聞社入社。社会部、政治部（首相官邸、福田赳夫首相、大平正芳首相などを担当）、経済部などを経て、1985年６月、評論家として独立。以来、記者経験を生かして、執筆・講演活動を精力的にこなす。
著書に、『カルロス・ゴーンの言葉』（あさ出版）、『政治家の交渉術』（成美文庫）、『民主党政変 政界大再編』（ごま書房新社）ほか多数。
http://www.a-eiken.com/

ＰＨＰ文庫　孫の二乗の法則
孫正義の成功哲学

2011年４月18日　第１版第１刷

著　者	板　垣　英　憲
発行者	安　藤　卓
発行所	株式会社ＰＨＰ研究所

東京本部　〒102-8331　千代田区一番町21
文庫出版部　☎03-3239-6259（編集）
普及一部　☎03-3239-6233（販売）
京都本部　〒601-8411　京都市南区西九条北ノ内町11

PHP INTERFACE　http://www.php.co.jp/

組　版	株式会社PHPエディターズ・グループ
印刷所 製本所	図書印刷株式会社

ISBN978-4-569-67621-0

PHP文庫好評既刊

スティーブ・ジョブズ名語録

人生に革命を起こす96の言葉

桑原晃弥 著

「我慢さえできれば、うまくいったのも同然なのだ」など、アップル社のカリスマCEOが語る〝危機をチャンスに変える〟珠玉の名言集。

定価五八〇円
（本体五五二円）
税五％